音の力で幸運体質に！

シンギング・リン Singing Ring

全倍音セラピーCDブック

究極の倍音で行う癒しの成幸ワーク

音響療法家 和 真音

BAB JAPAN

あなたはシンギング・リンを
知っていますか？
もし、それと出合ったなら、
あなたに幸せが訪れるでしょう。
もし、それを奏でたなら、
あなたは喜びに満ちあふれるでしょう。
もし、誰かといっしょに奏でたなら、
あなたの中に愛が芽生えるでしょう。
もし、大切な人のために奏でたなら、
あなたは愛にあふれるでしょう。

もし、宇宙のために奏でたなら、
あなたは宇宙から無限に愛されるでしょう。
果てしなく、限りなく、
あなたは愛されて、愛にあふれて、
宇宙に育まれている大切な存在なのです。
あなたがシンギング・リンと出合う
かけがえのない奇跡が、
喜びと幸せで満たされた笑顔の未来を
創造してゆくきっかけとなることを、
心から祈っています。

はじめに

音響楽器『シンギング・リン』の設計図と音色がひらめいてから、約2年の歳月を経て、それは実在のものとなりました。しかし、その製作に至る経緯においては、紆余曲折があり、突拍子もないアイディアと行動に、周りには多大な心配と心労をかけました。頭がおかしくなってしまったと思われても、仕方がなかったと思います。

それまでの私の人生は、生まれつきの心臓の弁膜異常のせいか、幼少時より虚弱体質で、20代後半までは、原因不明の熱を出して週に一度は寝こむのが当たり前のような生活でした。その後、夫の仕事の都合で30代をアメリカで過ごし、9・11のNYテロを現地で経験した私は、日本に戻ってから免疫不全疾患に陥り、生死の境をさまようことになったのです。

気力、体力が落ちこみ、このままはかなくなってしまうのではないか…と思いました。ところが、あることをきっかけに、ふたたび生きる力が湧き、病状も徐々に回復して、気がついたら、生来の虚弱体質や心臓の持病もよくなっていたのです。その媒介となったのが〝音〟でした。

それは、あるイベント会場で、チベタンボウル（シンギングボウル）のヒーリングを受けた夜のことです。私の意識に、〝その音〟が鮮烈に響きわたりました。詳しくは、この本の章末にある「シンギング・リン誕生秘話」に書きましたが、あたかも宇宙から届けてもらったような〝その音〟を求めて、私の魂の旅が始まりました。しかし、〝その音〟は世界中探しても手に入らず、結局、自ら生み出すしかない、ということになりました。途中、何度も挫折して諦めそうになりましたが、周囲の協力や、天の助けとしか思えないできごとが重なり、試行錯誤の末、『シンギング・リン』が誕生したのです。

昨今は、さまざまな音がヒーリングに用いられています。なかでも、「倍音」がひとつの癒しのジャンルとして確立されるようになりました。倍音とは、簡単にいうと、耳に聴こえない音域まで含んだ癒しをもたらす音の成分のことです。

通常、オーケストラで使われるような楽器にも、少しの倍音は含まれていますが、倍音ヒーリングとして最近注目を浴びているクリスタルボウルやチベタンボウルには、倍音が豊富に含まれています。そして、新しい音響楽器シンギング・リンには、それらよりももっとたくさんの倍音が含まれているのです。

既存の楽器が奏でる倍音を、仮に「部分倍音」と表すならば、シンギング・リンの奏でる倍音は、「全倍音」といえるでしょう。全倍音とは、限りなく多くの倍音を網羅した音、という意味の造語です。シンギング・リンは、この全倍音を奏でることができるのです。

さらに、シンギング・リンは、倍音列の周波数を完全にそろえてあるため、２つ以上を同時に鳴らすと完全に共鳴し、倍音が増幅します。これを「共倍音」と名づけました。クリスタルボウルやチベタンボウルは、単体で鳴らした場合、心地よい倍音が響きます。

倍音の中でも、「全倍音」と「共倍音」という2つの特性を備えた音を聴くと、大いなる生命の原理が働きます。たんなる癒しを超えて、体や心に奇跡的な変化が起き、さらには、取り巻く環境や状況、現象面にも多大な波及効果があり、幸せへと導かれるのです。それはあたかも、宇宙という胎内に身を浮かべ、光のシャワーで浄化され、私たちの本質である愛や調和へとチューニングされてゆくような感じです。

世界広しといえども、この「全倍音」と「共倍音」を兼ね備えた楽器は、シンギング・リンをおいてほかにはありません（詳しくは本文で説明していますが、どれが良い悪い、と優劣を競うものではなく、それぞれに特徴と役割がある、と理解していただければ幸いです）。

シンギング・リンができて、いつでもどこでも、全倍音と共倍音を聴くことができるようになりました。お蔭で、私の体調はすこぶる快調になり、人生でいまがいちばん元気で幸せです。もちろん、生きてゆく上でのいろいろな悩みはありますが、全倍音と共倍音の響きを浴びることで、悩みが解消したり、うまく付き合えるようになって、問題解決の速度が驚くほど速くなっています。日々、幸福感を味わい、幸運だと感じることも多くなりました。家族もそれぞれに笑顔で過ごしています。

意識に上った〝その音〟が楽器を生み出し、さらに、その〝楽しい器〟の活用法がたくさん見つかって、音響療法の新しい分野も創りました。そして、その音色と響きは、仲間から仲間へと伝搬し、まさに共振共鳴現象を起こして、いまでは世界のあちこちで響き始めています。

日本で生まれたこの音響楽器が、たんなる楽器なのに、ただものではない楽器であることを、もっと多くの皆さんに知っていただきたい、そして、全倍音と共倍音を体感し、その無限の効果を享受していただきたい、という思いが、このCDブックを著す原動力となりました。

私たち一人ひとりの体や心、そして魂の深い部分が癒され、美しく浄化されて、誰もが持って生まれたいのちの輝きにあふれた自然な笑顔になることが、一人ひとりの未来の幸せ、世界の幸せ、そして地球の幸せへとつながります。

このCDブックが、広い宇宙の中で、あなたがかけがえのない存在であることを思い出すきっかけとなり、さらに、毎日を豊かにいきいきとあなたらしく生きる一助となりましたら、心より嬉しく思います。

和 真音

この本を手にとられたあなたへ

〜本当のあなた自身に出逢うための音の旅〜

この本は、どんな人にも備わっている、生まれ持っての
“幸せの扉”を開くためのセラピーブックです。
付属のCDには、癒しと浄化をもたらす倍音の中でも、
「全倍音」という究極の倍音を奏でる『シンギング・リン』の
音が収録されています。

全倍音とは、低周波（低い音）から高周波（高い音）まで、
無限に連鎖した倍音のことです。CDは、その全倍音とともに、
倍音列の周波数が完全共鳴する「共倍音」をも実現した、
比類のない音源となっています。CDを聴くだけでも、
体や心（潜在意識）のクリーニングや、右脳の活性化に役立ち、
自然本来の調和した状態へといざなってくれるでしょう。
流すだけで、場や空間の浄化にもなります。

さらに、その音色を聴きながら、本書で紹介する《全倍音セラピー》を行うことで、幸せを阻害している不要なエネルギーが身心から出てゆき、幸せへといざなう光のエネルギーで満たされてゆくよう、構成されています。
《全倍音セラピー》を行うほど、あなたの放つバイブレーション（波動）は高まり、よいものや美しいものに共鳴して、幸運を引き寄せる体質に変化してゆくことでしょう。

特に、月の力が強く働く満月の日と新月の日に、付属の六芒星シートを使って自分と向き合う時間を作ると、その効果はさらに高まります。そして、いつのまにか、光と喜びに満ちた幸せのスパイラルに入っている自分に気づくはずです。

あなたの探していたものを見つけるために、いまよりもっと
あなたが素敵に輝くために、なりたい自分になるために、
夢や願いをかなえるために、
そして、光にあふれた本当のあなたに出逢うために…

さあ、いっしょにワークをしてみましょう！

全倍音でかなえられること

こんな人におすすめ！

□ 仕事や家事のモチベーション（やる気）が上がらない人
→いきいきワクワクやる気度アップ！

□ 体が重く、心もモヤモヤしている人
→スッキリ軽やか元気度アップ！

□ 朝が苦手な人
→目覚めスッキリ！朝から快調！

□ 現在や将来のことが心配な人
→余計な不安が解消！

□ 過去のことを後悔して、そこから抜け出せない人
→過去を手放して軽やか笑顔に！

□ 愚痴や不満がやめられない人
→いつのまにか感謝に変わる！

□ 人の幸せが素直に喜べない人
→自分以外の幸せや喜びに共感できる！

□ 自分は苦労症だと思う人
→楽しみながらスムーズに運ぶ！

□ 人間関係で悩んでいる人
→雪解けの春が来てコミュニケーション上手に！

□自分がキライな人、自分を変えたい人
→大好きな自分に変わる！

□自分は薄幸だと感じる人
→幸福感で満たされる！

□運気が停滞ぎみだと感じる人
→波動が高まり運気がアップ！

□オーラやチャクラをきれいにしたい人
→クリーニングされてキラキラ輝く！

□感性を豊かにしたい人
→五感が磨かれ、審美感覚が開く！

□直感力を高めたい人
→ひらめきやインスピレーションが冴える！

□同性や異性に好かれたい人
→美しくなって好感度アップ！

□幸せになりたい人
→シンクロニシティやセレンディピティが起こりやすくなり、幸運や幸福を実感できる！

etc.

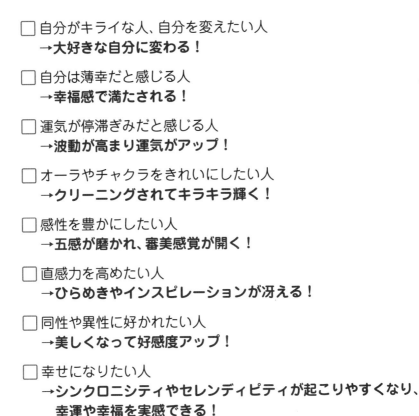

Contents

はじめに　4

この本を手にとられたあなたへ　8

全倍音でかなえられること　10

第1章 本当のあなたに出逢う《全倍音セラピー》

《全倍音セラピー》を始める前に　16

音源について　20

さあ、《全倍音セラピー》を始めましょう！　22

チャクラの場所と色&音声　24

リリースワーク　26

チャージワーク　32

六芒星ムーンワーク　38

● 虚空の音が生まれるまで ～シンギング・リン誕生秘話1～　44

第2章 幸せを引き寄せる倍音の真実

シンギング・リンが奇跡の楽器といわれる4つの特長　68
特長① 全倍音の奇跡　必要な周波数を生命が自動選択する　68
特長② 共倍音の奇跡　乗算式に高まる癒し&浄化&蘇生効果　70
特長③ バイブレーション療法の奇跡　全身の細胞が宇宙と共鳴する　72
特長④ 六芒星の奇跡　水の中に〝聖なる形〟が現れる　75
● 虚空の音が生まれるまで　～シンギング・リン誕生秘話2～　80

第3章

あなたの毎日に奇跡を起こす新時代の成幸法
1. 右脳と潜在意識をフル活用！　～願いがかなう理由その1～　86
2. 脳波が変わる！　～願いがかなう理由その2～　89
3. 味がマイルドになる！　96
4. 〝幸運体質〟になる！　98
5. 超高性能な魂のクリーナー！　101
6. 〝おはらい〟ではなく、真の〝浄化〟ができる！　104
7. 簡単に使えて、効果は永遠！　108
8. セラピストもクライアントも同時に高まる！　110

9. 苦行ではなく楽行で悟る！　113
10. 宇宙からの授かり物！　116
11. 自分も他人も地球も、一度によくなる！　118
体験談　体　編　意識不明の父にCDを聴かせ、奇跡の復活を遂げた　120
体験談　心　編　鬱や強迫観念から解放され、古民家が笑顔と幸せの拠点に　122
体験談　運気編　焦りや迷いがなくなり、〝本当の自分〟を見つけて生きる喜びを実感　124
● 虚空の音が生まれるまで　～シンギング・リン誕生秘話3～　126
～『聖なる鈴響』CDジャケットより～　138
付録　アイディア次第で無限の使い方　140
おわりに　148　参考文献　153
付録　六芒星ムーンワークシート～満月ワーク　155
六芒星ムーンワークシート～新月ワーク　156

Column

共鳴と同調化　69
バランシング サウンド・ドレナージュ　73
波動測定器EAVでも目を見張る結果が！　94

第1章
本当のあなたに出逢う《全倍音セラピー》

《全倍音セラピー》を始める前に

この《全倍音セラピー》には、自己を解放して不要なものを手放す【リリースワーク】と、幸せのために必要なエネルギーを取り入れる【チャージワーク】、そして、自分と向き合う【六芒星ムーンワーク】の3種類があります。

●CDは、トラック1がリリースワーク、トラック2がチャージワーク、トラック3とトラック4が六芒星ムーンワークに対応しており、それぞれ約10分で終わります。各ワークも10分程度を目安に行って下さい。

●リリースワークとチャージワークは、必ずリリースワークから行います。それは、体と心を新しいことやワクワクすることで満たすためには、古くなったものや不要なものを、先に手放さなくてはならないからです。1日1回でも、週に1回でも、月に1回でも、あなたのペースで、できる範囲で行ってください。

多くても、1日2回（朝晩1回ずつ）で充分です。回数を重ねるごとに、体、心、そして周囲の状況に嬉しい変化がもたらされることでしょう。

セットで行うのがベストですが、時間がないときは、リリースワークだけでもかまいません。

●六芒星ムーンワークは、満月と新月の日に行います。

●ワークを行いたくないときは、CDを聴き流すだけでもOKです。

【リリースワークとは】

いまの自分にとって不必要なエネルギーを洗い流し、体と心をクリーニングしてゆくワークです。生体エネルギー（気）の出入り口であるチャクラが詰まっていると、エネルギーがスムーズに流れずに、不要なものが滞り、体や心の〝コリ〟となって、不調の元になります。また、心(潜在意識)がいつもネガティブな思いや執着でいっぱいになっていると、幸せの扉は開きません。

新しいものやよいものが入ってくるようにするためには、流れをよくして、身心に〝スペース（空き）〟を作ることが大切です。

トラック1の音色に身心をゆだねてリリースワークを行うと、自力ではコントロールしにくい潜在意識がクリアになって雑念がおさまり、心が楽になって、重かった体が軽く感じられるようになります。

【チャージワークとは】

いまの自分にとって必要なエネルギー、幸せの光が身心に満ちてくるワークです。トラック2の音色に身心をゆだねてチャージワークを行うと、体を構成している約60兆個の細胞の分子や原子が整い、一つひとつの振動が高まって、生命力が賦活《ふかつ》します。

また、チャクラが活性化してエネルギーが流れ始め、心も元気になって考え方が前向きになり、新たなことにチャレンジする意欲が湧いてくるでしょう。自分を成長させるメッセージにも気づけるようになり、アイディアやインスピレーションもひらめきます。

幸運をキャッチする能力が高まり、シンクロニシティ（＊）やセレンディピティ（＊）も増えるでしょう。

豊かで自然な自己表現ができ、コミュニケーションも活発になって、気がつくとワクワクキラキラの毎日に変化しているでしょう。

＊シンクロニシティとは…共時性。意味のある偶然の一致。自身の波動が高まると、物事のタイミングがよくなる。

＊セレンディピティとは…偶然の発見。求めずして思わぬ幸運をする能力。運よく発見したもの。

音源について

この《全倍音セラピー》を行うための付属の CD には、次のような工夫が施されています。

●音源には、シンギング・リンの『宇宙』* と『大地』* を 6 個ずつ、最大で 12 個使い、「全倍音」と「共倍音」が最大限に発揮される環境の下、収録されました。

●【リリースワーク】と【六芒星満月ワーク】の音源は、シンギング・リンの縁を左回りにこすって奏でられる音と、大バチの打音によるゆったりとした低音のリズムをメインに構成されています。

●【チャージワーク】と【六芒星新月ワーク】の音源は、シンギング・リンの縁を右回りにこすって奏でられる音と、小バチの打音によるテンポのよい高音のリズムがメインとなっています。

●【六芒星満月ワーク】と【六芒星新月ワーク】の音源は、シンギング・リンの音色と自然界の音色のコラボレーションになっています。満月ワークには、湧き水、川のせせらぎ、滝など、水をテーマにした音源が、新月ワークには、森の中で聴こえるさまざまな音源が組み合わされています。

●収録された音は、CD の記憶容量の中で最大限の周波数値を再現できるよう、工夫されています。自然に発生する音が最大限に活かされていますので、こすれ音や振動音なども、リアルな音色としてお楽しみいただければ幸いです。

この《全倍音セラピー》は、それぞれのワークに対応した音源を活用することで、ワークの効果が最大になるように作られています。もちろん、CD をただ聞き流すだけでも効果がありますので、大いにお楽しみください。
＊『宇宙』と『大地』については、本文の 67、71 ～ 72 ページをご覧ください。

さあ、《全倍音セラピー》を始めましょう！

基本姿勢

体をゆるませてゆったりとリラックスできる、締めつけ感のない服を着用します。特に指示がない限り、次のうち、あなたがやりやすい体勢で行ってください。途中で体勢を変えてもかまいません。

・立って行う
・椅子に座る
・床に座る
・寝転がる

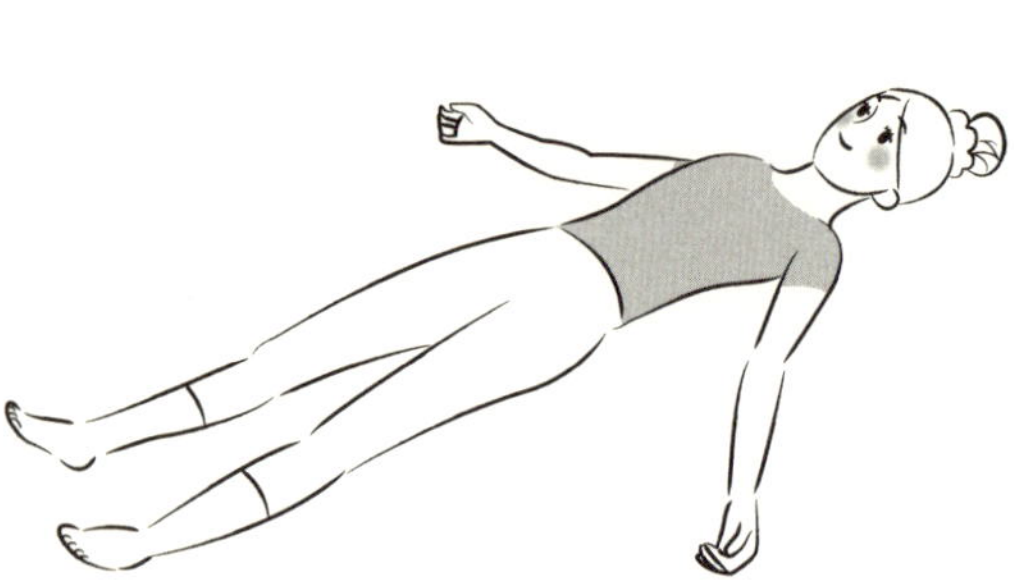

※ワークをすすめるにしたがって、それぞれのポーズをとる必要があります。

【チャクラがポイント】

サンスクリット語で「光の環」を意味するチャクラとは、体の中心軸に備わったエネルギーの出入口のことです。臓器や神経叢《そう》、ホルモン分泌とも密接に関わり、体の健康や精神状態、能力、運気を左右します。主なチャクラは7つ。それぞれ働きが異なり、色や発声に対応しています。

《全倍音セラピー》では、音・呼吸・イメージ・発声・ポーズを組み合わせることで、各チャクラの詰まりを取り除いて通りをよくし、活性化して、光エネルギーを取りこみやすい体質を作っていきます。

チャクラの場所と色&音声

７つのチャクラは、それぞれ色や音声に連動しており、活性化したときにもたらされる効果もそれぞれ異なります。全倍音を聴きながら、色のイメージや音声を使うと、チャクラ活性の効果がいっそう高まります。

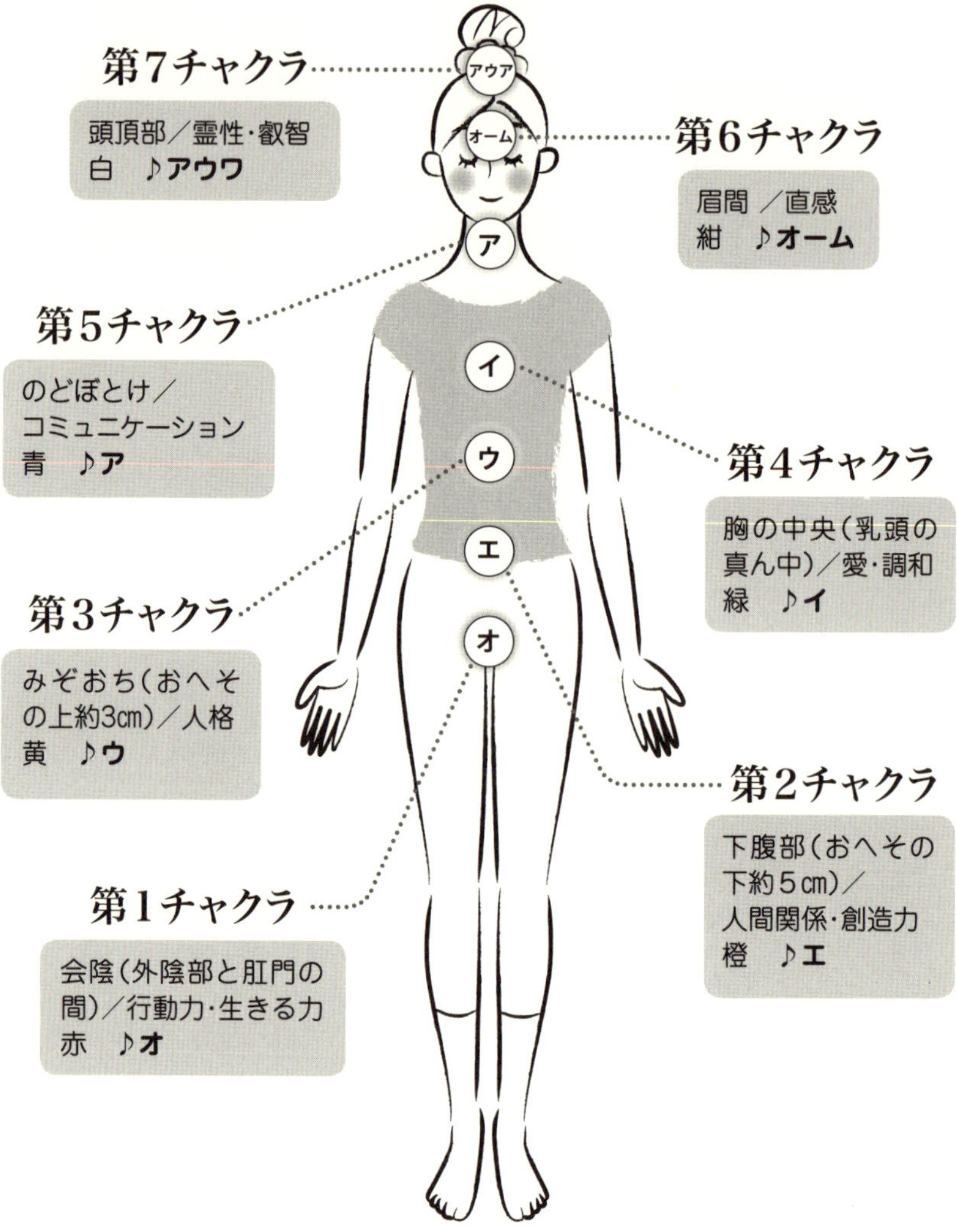

※チャクラの色や音声には諸説あるので、他説でワークを行ってもかまいません。本書では、全倍音と組み合わせたときに、もっとも高い効果を望めると思われるものを使って説明しています。

	意味	場所	色	音声	効果
第1チャクラ	行動力・生きる力	会陰（外陰部と肛門の間）	赤	オ（下腹部に響かせる）	仕事が自分のペースでできる、家族や仲間との一体感が感じられる、心が安定する
第2チャクラ	人間関係・創造力	下腹部（おへその下約5㎝）	橙	エ（腹部に響かせる）	若返る、創造力とやる気が出る、人間関係がよくなる
第3チャクラ	人格	みぞおち（おへその上約3㎝）	黄	ウ（みぞおちに響かせる）	評価が高まる、周りに人が集まる、優しく愛情深くなる
第4チャクラ	愛・調和	胸の中央（乳頭の真ん中）	緑	イ（胸に響かせる）	夢が実現する、自分に自信が持てる、自分が何をしたいかがわかる
第5チャクラ	コミュニケーション	のどぼとけ	青	ア（のどに響かせる）	生きる充実感が得られる、人を説得する能力が増す、人生の目的が理解できる
第6チャクラ	直感	眉間	紺	オーム（鼻腔に響かせる）	創造的なアイディアがひらめく、正しい情報を選択できる、大局観が持てる
第7チャクラ	霊性・叡智	頭頂部	白	アウワ（頭蓋骨全体に響かせる）	人生への信頼が生まれる、霊性が高まる、人を惹きつける魅力が輝く

リリースワーク

目を閉じて、トラック1の音色に静かに耳を傾けながら行います。

1．チャクラクリーニング

呼吸 Breath ＋ 色イメージ Image

口から息を吐きながら、第1チャクラに意識を向け、そこから濁った赤色のエネルギーが出ていくようイメージする。吐ききったら、鼻から息を吸いこむ。これを3回繰り返す。

こんどは、口から息を吐きながら、第2チャクラを意識して、そこから濁った橙色のエネルギーが出ていくようイメージする。吐ききったら、鼻から息を吸いこむ。これを3回繰り返す。同様に、第7チャクラまで行う。各チャクラの色が濁っているイメージをすることがポイント。

※各チャクラの色　第1…赤⇩第2…橙⇩第3…黄⇩第4…緑⇩
第5…青⇩第6…紺⇩第7…白

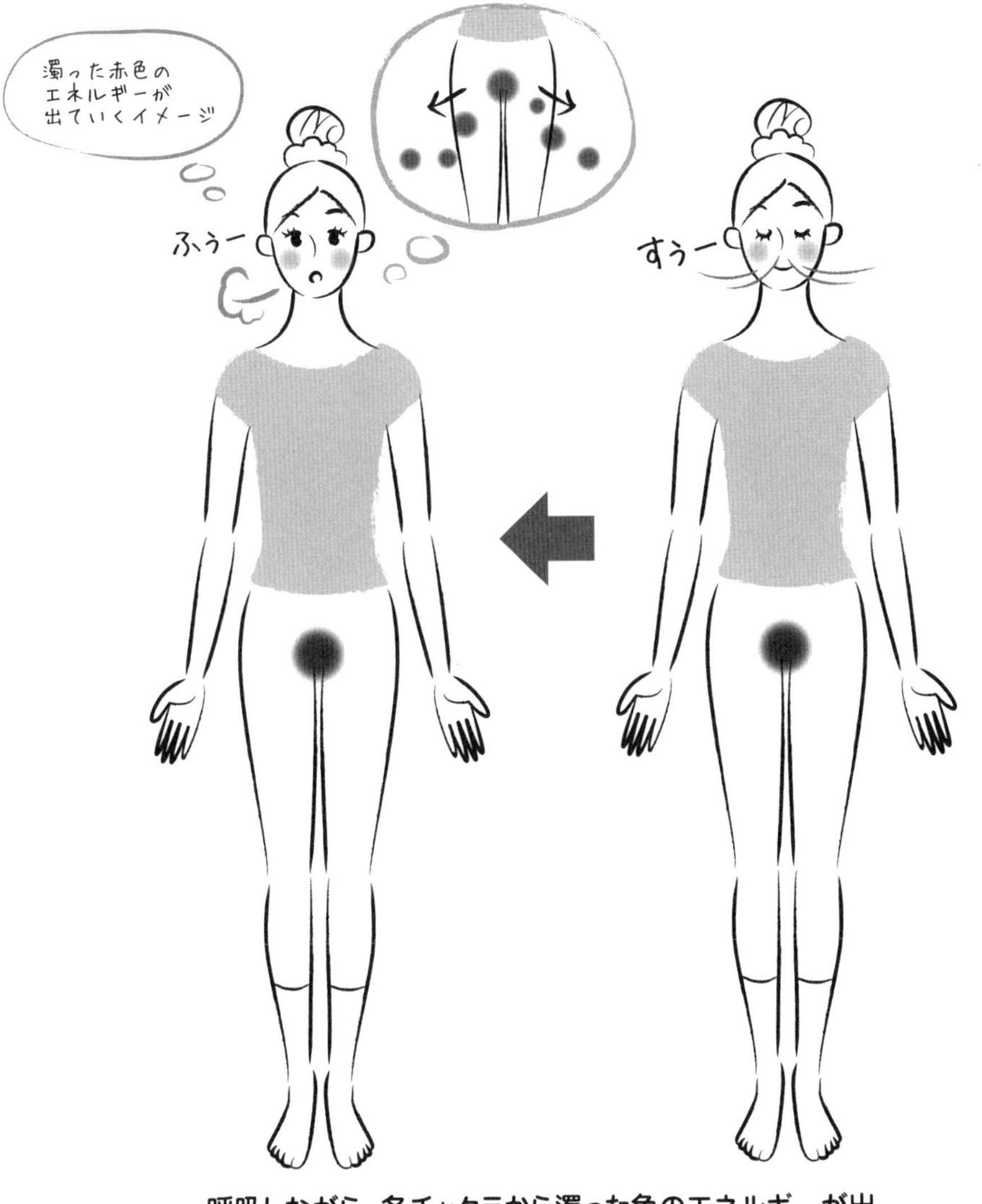

呼吸しながら、各チャクラから濁った色のエネルギーが出ていくようイメージする。

2．チャクラオープニング

①チャクラに響かせる

呼吸 Breath ＋ 動作 Motion ＋ 声 Voice

よつんばいになって鼻から息を吸う。次に、お腹を引き上げ背中を丸めながら、第1チャクラを意識して「オー」と発声し、下腹部に響かせる。その際、呻き声のように低い声で発声するのがポイント。

声を出しきったら、背中を伸ばしながらふたたび息を吸う。次に、お腹を引き上げ背中を丸めながら、こんどは第2チャクラを意識して低い声で「エー」と発声し、腹部に響かせる。

同様に、第7チャクラまで行う。

※各チャクラの音 第1…♪オ ⇩ 第2…♪エ ⇩ 第3…♪ウ ⇩ 第4…♪イ ⇩
第5…♪ア ⇩ 第6…♪オーム ⇩ 第7…♪アウワ

①よつんばいになって鼻から息を吸う。

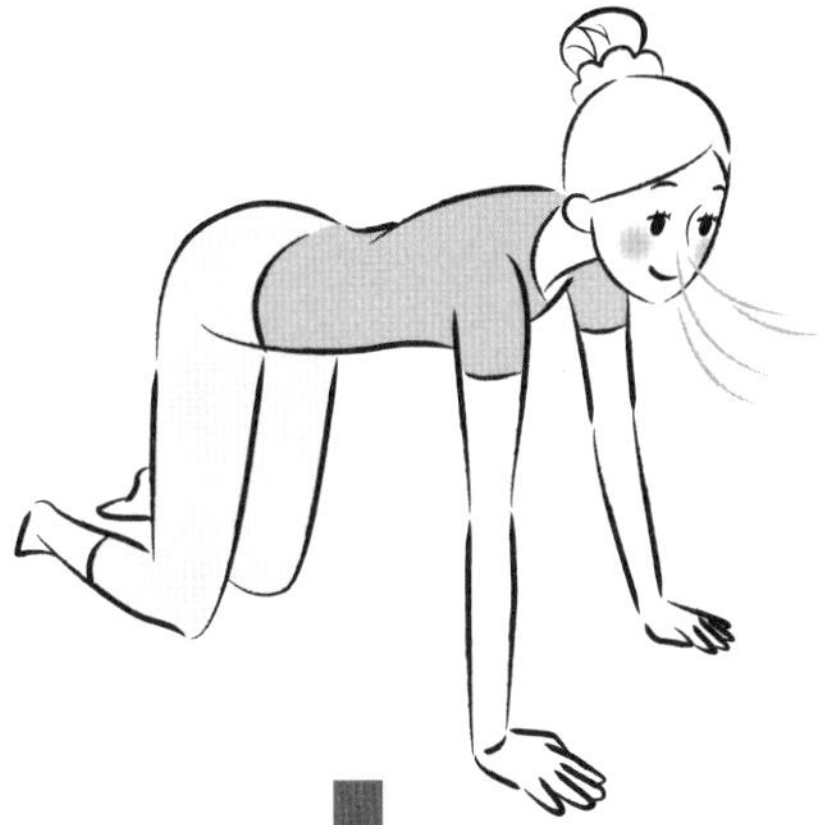

②お腹を引き上げながら、背中をまるめて第１チャクラを意識し、低い声で発声する。

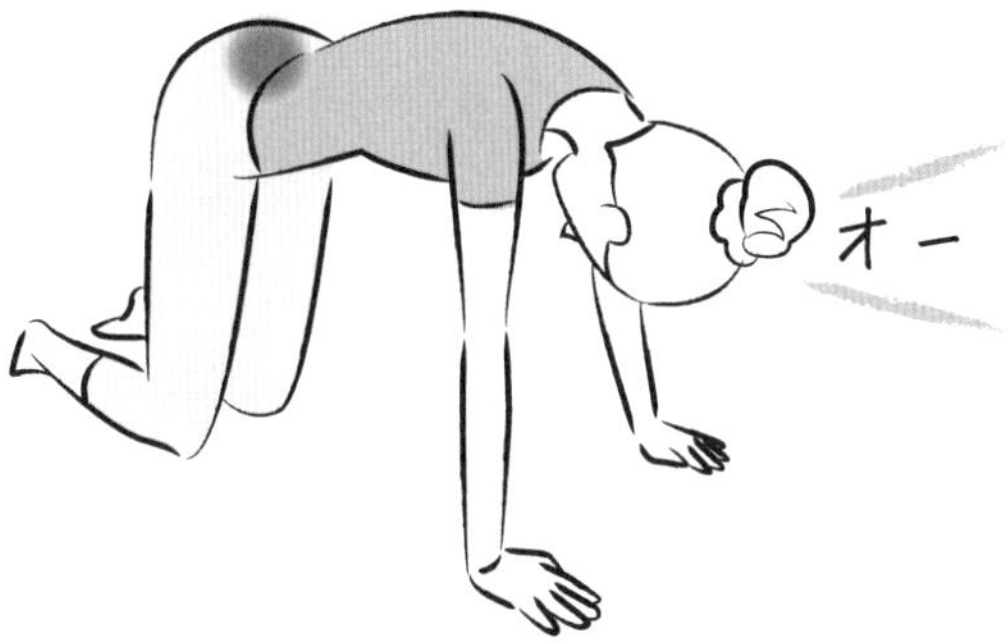

③声を出しきったら、背中を伸ばしながら再び鼻から息を吸う。

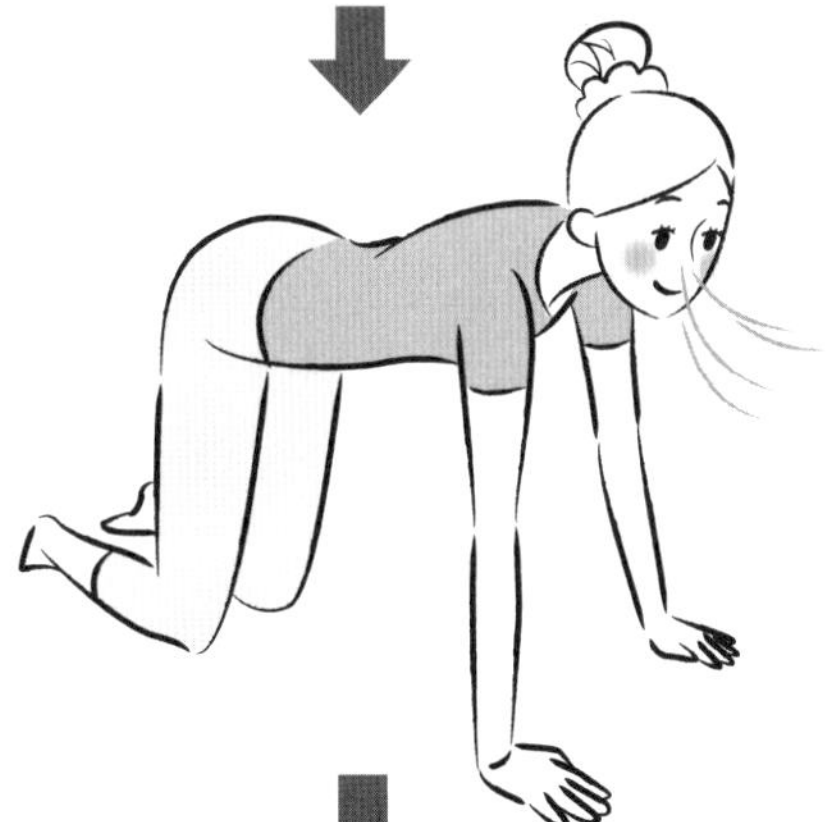

④続いて、第2〜第7チャクラまで同様の手順を行っていく。

②チャクラを開く

動作 Motion ＋ 声 Voice ＋ 色イメージ Image

両手を第1チャクラの前で合わせ、その手を左右に広げて胸を反らすような動作をしながら、低い声で「オー」と発声する。このとき、第1チャクラから濁った赤色のエネルギーが出ていくイメージを描きながら行うと、なおよい。

次に、第2チャクラの前で両手を合わせ、その手を左右に広げて胸を反らすようにしながら、低い声で「エー」と発声する。このとき、第2チャクラから濁った橙色のエネルギーが出ていくイメージを描きながら行うと、なおよい。

同様に、第7チャクラまで行う。

※各チャクラの音と色 第1…♪オ・赤⇩第2…♪エ・橙⇩第3…♪ウ・黄⇩第4…♪イ・緑⇩
第5…♪ア・青⇩第6…♪オーム・紺⇩第7…♪アウワ・白

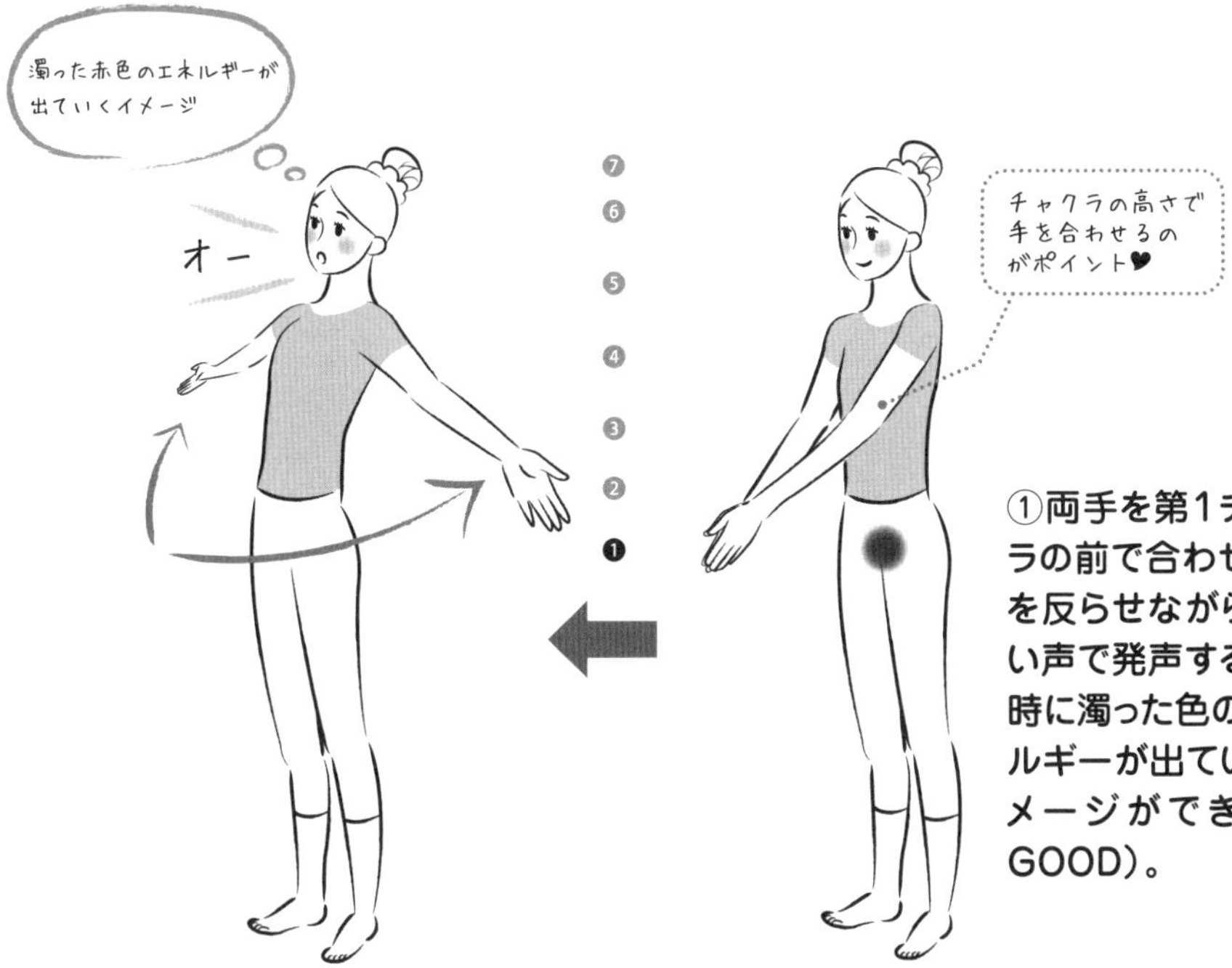

①両手を第1チャクラの前で合わせ、胸を反らせながら、低い声で発声する（同時に濁った色のエネルギーが出ていくイメージができるとGOOD）。

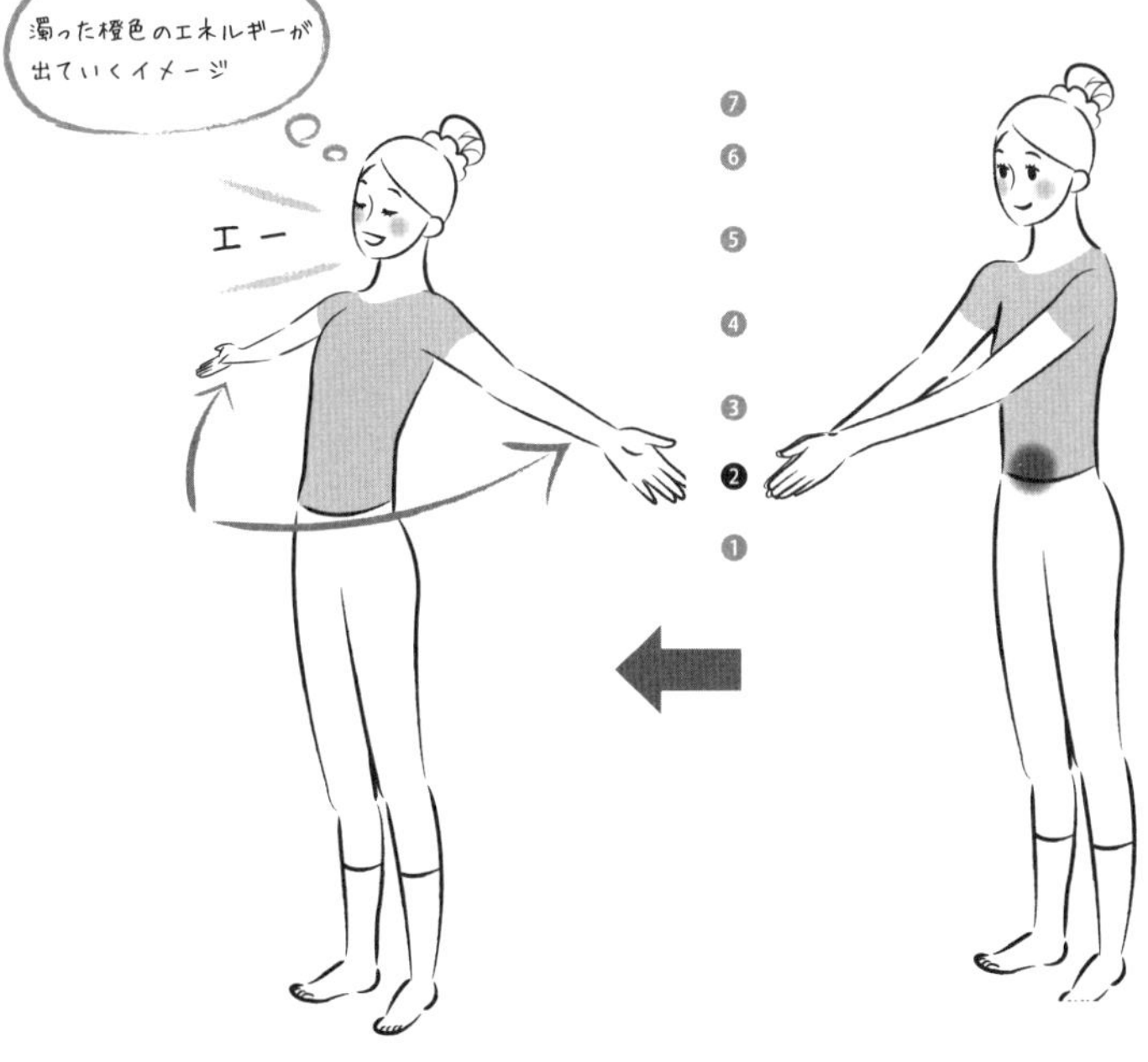

②第2チャクラから第7チャクラまで、同様の手順で行っていく。

チャージワーク

目を閉じて、トラック2の音色に静かに耳を傾けながら行います。

1．チャクラブライトニング

呼吸 Breath ＋ 色イメージ Image

口から息を吐きながらお腹をへこませる（腹式呼吸）。次に、鼻から息を吸いながら、宇宙に満ちあふれる明るくきれいな白色の光が第7チャクラから入り、体全体が白色のエネルギーに満たされて光り輝いているイメージを描く。こんどは、口から息を吐きながらお腹をへこませ、次に、鼻から息を吸いながら、明るくきれいな紺色の光が第6チャクラから入り、体全体が紺色のエネルギーに満たされて光り輝いているイメージを描く。同様に、第1チャクラまで行う。各チャクラの色が、明るくきれいに輝いているイメージをすることがポイント。

※各チャクラの色　第7…白⇩第6…紺⇩第5…青⇩第4…緑⇩第3…黄⇩第2…橙⇩第1…赤

体全体が
白色のエネルギーで
満たされている
体全体が
紺色のエネルギーで
満たされている

①口から息を吐きながら、お腹をへこませる腹式呼吸を行う。

②各チャクラから、きれいな色のエネルギーが入り、体全体がエネルギーに満たされて光り輝いているイメージを。第6～第1チャクラも同様に行う。

2. コズミックワンネス

①光のシャワー

動作 Motion ＋ 声 Voice

両腕を自然に垂らして手のひらを上にし、円を描くように両腕を下から上に動かしながら、第7チャクラを意識してクリアな高い声で「アウワー」と発声する。次に、声を出しながら両腕で宇宙を包み抱えるようにし、宇宙から受けとった光を体に浸みこませるように、両腕を体の前で交差させながら、円を描くように動かして元の位置に戻す。

この一連の動きを、途中で途切らせずになめらかに行う。声はつづく限りでよい。

こんどは、第6チャクラを意識してクリアな高い声で「オーム」と発声しながら、同じ要領で円を描くように両腕を動かす。

同様に、第1チャクラまで行う。

※各チャクラの音　第7…♪アウワ ⇩ 第6…♪オーム ⇩ 第5…♪ア ⇩
第4…♪イ ⇩ 第3…♪ウ ⇩ 第2…♪エ ⇩ 第1…♪オ

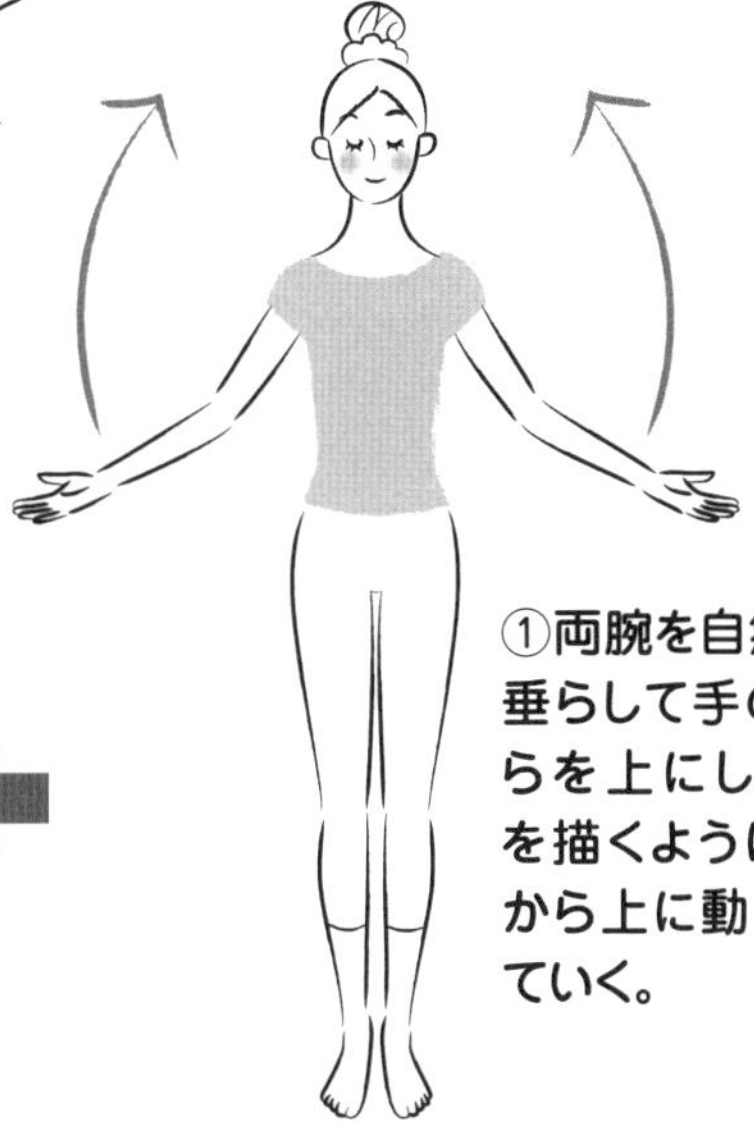

①両腕を自然に垂らして手のひらを上にし、円を描くように下から上に動かしていく。

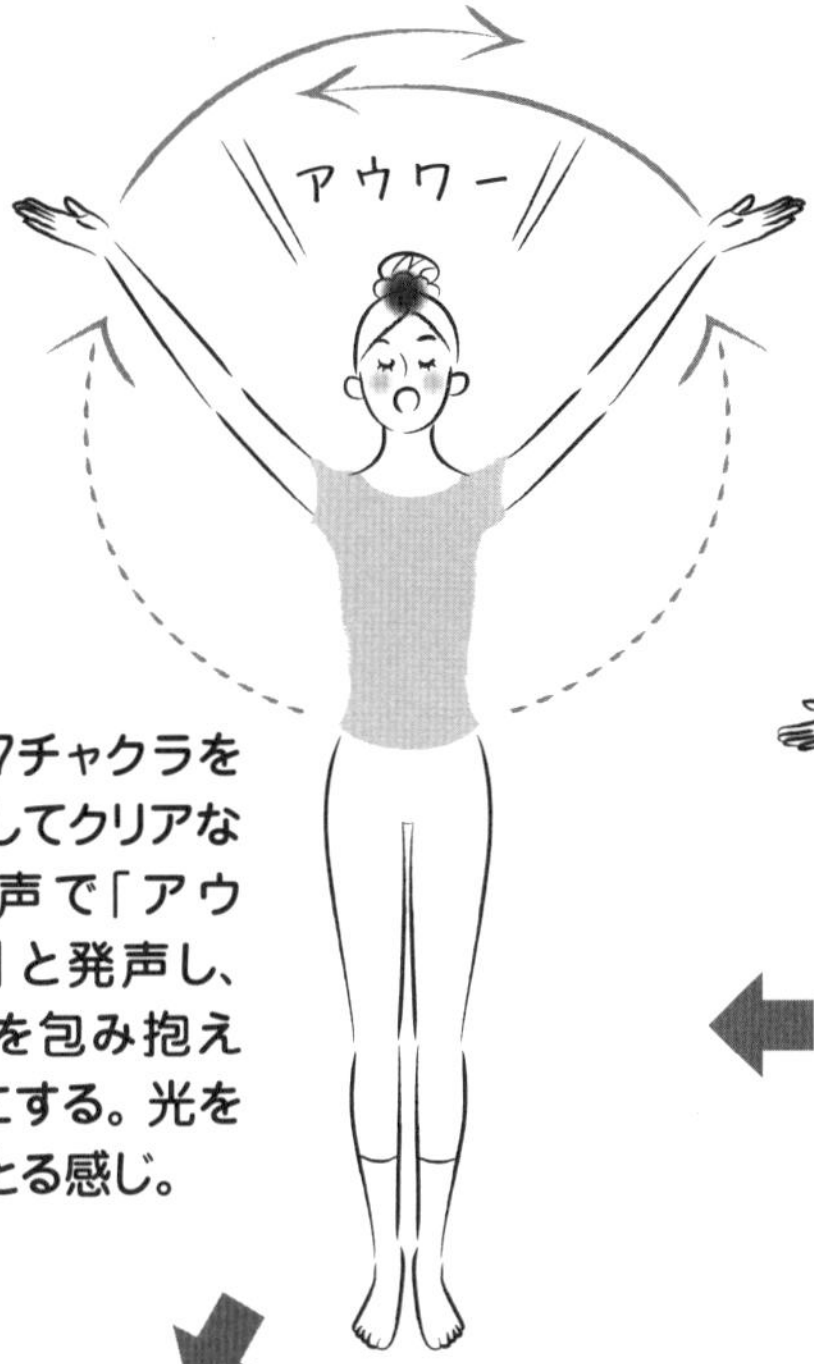

②第7チャクラを意識してクリアな高い声で「アウワー」と発声し、宇宙を包み抱えようにする。光を受けとる感じ。

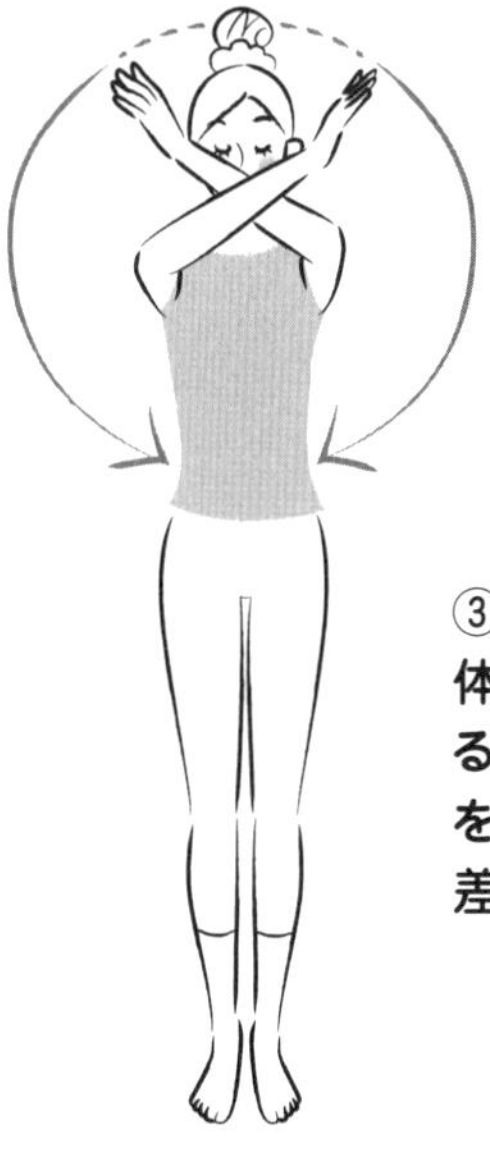

③光を自分の体に浸みこませるように、両腕を体の前で交差させる。

④円を描くように両腕を元の位置に戻す（どちらの腕が前になってもよい）。同様に第6～第1チャクラまで行う。

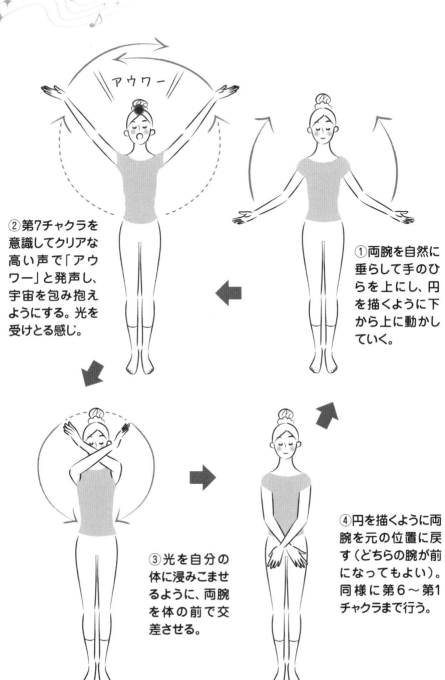

②羊水に浮かぶ

声 Voice ＋ 色イメージ Image

両足を前に伸ばして座り、両ひざを曲げて脚を左右に開いて、足の裏同士を合わせたまま、上体を倒す。次に、手のひらを上にして手を横に広げ、第7チャクラを意識して、高い声で「アウワー」と発声する。このとき、明るくきれいな白色の光が第7チャクラから入り、体全体が白色のエネルギーで満たされて光り輝いているイメージを描きながら行うと、なおよい。そこには自分と宇宙しか存在せず、胎児が羊水に浮かんでいるようにすべてをゆだね、しだいに宇宙と一体化していくような感覚。

声を出しきったら鼻から息を吸い、こんどは第6チャクラを意識して、高い声で「オーム」と発声する。このとき、明るくきれいな紺色の光が第6チャクラから入り、体全体が紺色のエネルギーで満たされて光り輝いているイメージを描きながら行うと、なおよい。同様に、第1チャクラまで行う。

※各チャクラの音と色　第7……♪アウワ・白⇩第6……♪オーム・紺⇩第5／♪ア・青⇩
第4……♪イ・緑⇩第3／♪ウ・黄⇩第2／♪エ・橙⇩第1／♪オ・赤

①両ひざを曲げて脚を左右に開き、足の裏を合わせたまま上体を倒す。（※苦しい人はひざの下にクッションを）

体全体が
白色のエネルギーで
満たされている
アウワー

②手を横に広げ、第7チャクラを意識して、高い声で発声を. 同時に色のイメージも行うとなおGOOD!

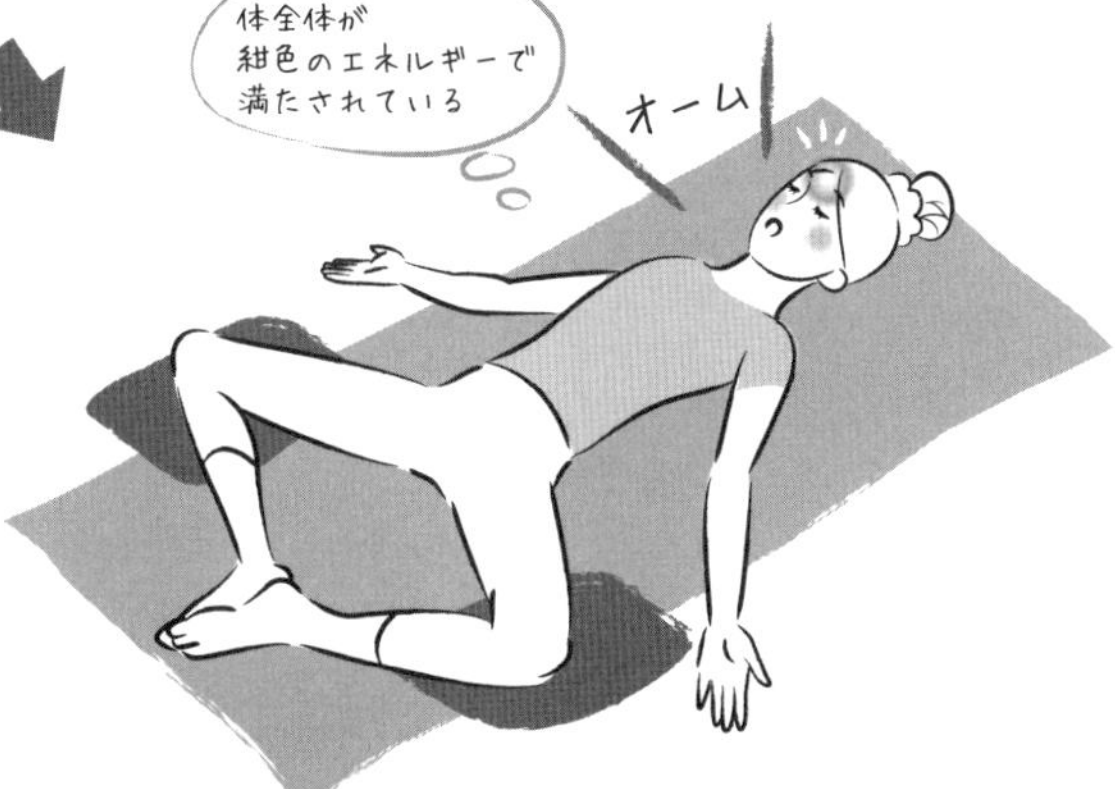
体全体が
紺色のエネルギーで
満たされている
オーム

③次に第6チャクラをを意識してイメージを行いながら発声する。第5～第1チャクラも同様に行う。

六芒星ムーンワーク

巻末付録『六芒星ムーンワークシート』を使って行います。

月は、潮の満ち引きや地球上の生物の生命活動に深く関わり、その満ち欠けは、人の体と心に影響を与えています。特に、満月の日と新月の日は、月の引力がもっとも強く働き、体の中でも潮汐《ちょうせき》現象が起こると考えられています（バイオタイド理論／A・L・リーバー）。

そんな月のリズムと不思議なパワーを意識して、本当の自分と向き合う時間を作ると、余計な力みや歪みのない自然な生き方ができるようになり、幸せを見つけやすくなることでしょう。

この満月と新月の聖なる力を借り、巻末にある付録『六芒星シート』を使って、六芒星ムーンワークを行いましょう。六芒星は、宇宙の秩序や調和を表すシンボルで、その形のパワーが、自己実現を手助けします。月に2度（暦によっては3度）、体や心、身の周りや環境の変化を心の眼で観察し、過去から現在、未来へとつながる自分の本質にアクセスすると、望みがかないやすくなるはずです。

※六芒星シートは、毎月ワークを行えるよう、原本をコピーして使うとよいでしょう。

満月ワーク

トラック3の音色に静かに耳を傾けながら行います。

動物や植物がもっとも活力に満ち、出生率や羽化率も高いのが満月の日。リズムの最高潮を迎え、頂点から〝放つ〟エネルギーの強いこの日は、何かを解き放ったり、手放したりするのに最適です。

いまのあなたは、何で満たされていますか。部屋や引き出し、洋服ダンス、体、心の中、人間関係、不平不満、愚痴、悩み…もしも、不必要なもの、不調和なもの、望まないものでいっぱいになってしまっていたら、満月の日に、巻末の六芒星シートに手放したいものや思いをすべて書き出しましょう。

そして最後に、「私はこれらを手放しました」とアファメーション（肯定的な自己宣言）します。

全倍音を聴きながらこの書き出しとアファメーションを行うと、意識の深い部分（潜在意識）にアクセスでき、意図したこと、思い描いたこと、決心したこと、宣言したことが現実になるスイッチが入り、その方向に動き出します。すると、日常に小さな変化が起こり始め、シンクロニシティやセレンディピティも増えていきます。自分を信頼し、その流れに乗って、月の〝解放する〟エネルギーに後押しされた明日からの14日間を過ごすと、いつのまにか理想の自分に近づいているでしょう。

さらに効果を高めたい人は、【満月ワーク】の後に【リリースワーク】を行うと、よりスッキリした軽やかな感覚を得られます。キーワードは、〝浄化〟です。

新月ワーク

トラック4の音色に静かに耳を傾けながら行います。

ひとつのサイクルが終わり、新たなサイクルがスタートする新月の日。すべてがリセットされ、宇宙のいっさいを生み出す無限のパワーにあふれるこの日は、何か新しいことを始めたり、願いをかなえたいときに最適です。

あなたの心は何を望んでいますか。手に入れたいもの、引き寄せたいこと、実現したいこと、夢や希望を、新月の日に、巻末の六芒星シートに具体的に書き出してみましょう。そして最後に、「私はこれらのものを手に入れました」とアファメーションします。

全倍音を聴きながらこの書き出しとアファメーションを行うと、意識の深い部分（潜在意識）にアクセスでき、望んだこと、イメージしたこと、決心したこと、宣言したことが現実になるスイッチが入り、その方向に動き出します。すると、日常に小さな変化が起こり始め、シンクロニシティやセレンディピティも増えていきます。自分を信頼し、その流れに乗って、月の〝創造する〟エネルギーに後押しされた明日からの14日間を過ごすと、いつのまにか理想の自分に近づいているでしょう。

書き出した内容は、執着にならないよう、忘れてしまうことがポイント。あなたの魂が成長することなら、きっと現実になるでしょう。キーワードは、〝豊かさ〟です。

これで、ひと通り《全倍音セラピー》が終了しました。

呼吸法、瞑想、チャクラの浄化や活性、潜在意識を使ったイメージ法などは、訓練を積まないと、効果を得るのはなかなか難しいもの。全倍音をそこにプラスすれば、それらの効果が簡単に得られることを体験していただけたのではないでしょうか。全倍音＝究極の癒しの音には、そのような新しい可能性に満ちた力があるのです。

さあ、これから、そんな音の秘密をひもとき、喜びと幸せをもたらす倍音の世界へ招待しましょう。

虚空《こくう》の音が生まれるまで

～シンギング・リン誕生秘話1～

生きる力を失っていたとき、運命の扉が開いた

「もう、このままはかなくなってしまうかもしれない…」

911のNYテロを身をもって体験し、その後の苦しい時期を家族とともに過ごした私は、翌春、夫の転勤により帰国しました。日本に帰り、少しは落ち着いて生活できるかと思いきや、私の体調は悪くなる一方でした。生来の心臓の弁膜異常もあって不整脈はどんどんひどくなり、発熱と痛みが続き、医師からは「免疫不全症候群」と診断される始末です。治療をつづけてもなかなか効果は現れず、薬の副作用のために症状はかえって悪化し、ついには起きることもできなくなって、生きる気力さえ失いかけていた日々。それでも、二人の子どもたちのためにも何とかこの状況を脱さねばと、思いきって薬をやめる決意をしました。治療効果を得る前に、まずは生命力そのものを回復させる必要があったため、自然治癒力に身をゆだねたのです。

すると、少しずつ食欲が出てきたせいか、徐々に体調が好転し始め、半年後には、気分転換に外出しようと思えるまでになりました。そしてあるとき、友人に誘われて出かけた先で、私の運命を変えるできごとが起こったのです。

チベタンボウルで体験した意識の旅

そのイベント会場で、私は、生まれて初めて〝クリスタルボウル〟に出合いました。水晶を溶かして成形したボウルをバチで叩き、その響きで身心を癒す音響楽器です。

　クリスタルボウルの澄んだ音色に身をゆだねていると、友人が「袈裟《けさ》を着たお坊さんが、鉄のボウルを頭にかぶせてヒーリングしてくれるらしい」という情報を聞きつけてきたので、興味を惹かれるまま、私はそのブースに向かいました。

　そこは、高野山真言宗の阿闍梨《あじゃり》が主催されるブースで、チベットの仏像や曼陀羅《まんだら》、法具などが所狭しと並んでいました。オリエンタルなムードがたっぷりです。鉄のボウルとは、〝チベタンボウル〟のことでした。頭にかぶって真言を唱えるヒーリングがあるというので、さっそく体験させてもらうことに。

　…ドキドキしながらチベタンボウルをかぶり、ボウルを軽く叩いてもらうと、ボワーンという神秘的な音色が頭の中で鳴り響きます。いままで味わったことのない、けれど、どこか懐かしいような、心と体が溶けて一体になってしまうような不思議な感覚…。阿闍梨に導かれるままに「あ・い・う・え・お」と発声すると、頭蓋骨の中で自分の声とチベタンボウルの音が響き合い、自分と宇宙が共鳴しているような、えもいわれぬセンセーションが広がったのです。

　同時に、心臓の不整脈音がきれいに整い始めたのにも気づきました。小さい頃から、脈流の体内音を注意深く聴きつづけていた私は、その変化を決して見逃すことはなかったのです。

夢の中で響いた〝幻の音〟とメッセージ

異次元への意識の旅――まさにそんな言葉がぴったりでした。変性意識状態のまま、会場を後にした私は、その夜、不思議な体験をしました。夢にすぎないと人は言うかもしれませんが、その体験には、はっきりとしたビジョンと体感があり、いまもありありと思い出すことができます。

…そこは、幼い頃からよく夢で行く、真綿のように白くて柔らかな、キラキラと光り輝いている心地のよい空間でした。辺りに響いてきたのは、会場で聴いたチベタンボウルに似た音色です。静謐《せいひつ》で凛《りん》としたその美しい音と響きにすっぽりとつつまれ、無上の悦びが泉のように滾々《こんこん》と湧いてきます。うっとりと陶酔しながらも、意識はクリアに覚醒しているその霊妙な感覚にしばし浸っていると、この音色が地球中に響きわたったときのビジョンが、鮮明に見えたのです。それは、この美しい音色によってチューニングされたすべてが、見事に共振共鳴し合って創造された荘厳壮麗な光景で、筆舌につくしがたい奇跡的な体験でした。

意識が現実に戻ったときにも、その音が頭にこだましていました。次の朝、家事をしながらも、何度もその体験がリフレインします。

「こんな無力な私に、いったい何ができるの？」と戸惑う一方で、何か新しい世界が拓けるようなワクワクとした期待に心ときめき、体の調子が悪いのも忘れて、例の阿闍梨を訪ねました。

とにかく、音についてもっと知れば、頭の中にあるこの音に出合えるにちがいない、という気持ちが私を突き動かしたのです。阿闍梨は、ガンターやティンシャといった法具を披露しながら、チベット密教や仏教と音の密接な関係について、ていねいに説明してくださいました。

何かの力に導かれるように、たぐり寄せられるように、いままで知らないでいた世界にまっさらのまま飛びこんだ私は、砂漠の砂が雨水を吸収するがごとく、宇宙や音について学びを深めてゆきました。それは、何かを思い出しているようでもあり、遠い記憶が甦ってくるようでもありました。

〝シオン〟が指し示す天命

その1週間後、家事を終えてソファでくつろいでいると、頭の中に「シオン」という大きな音が響きました。近くにいた夫に「シオンって何？」と聞くと、突然、何を言い出すのかと怪訝顔。われに返った私は、何でもなかったんだと思い直し、傍の新聞を広げました。すると、また「シオン」という文字が目に飛びこんできたのです。

さすがに気になって、シオンの意味をパソコンで調べると、「天国、神の国という意味で、ダビデ王が宮殿を建てたエルサレムの聖丘の名」と出てきます。わけがわからないながらも、シオンという音の響きがとても美しく感じられ、印象に残りました。

またその1週間後、こんどは「SION」の綴りが、突如、脳裏に浮かびました。同時に、その綴りが「相反するS極とN極の調和の中に、自分（I＝愛）と地球（O＝宇宙）は存在する」ことを意味するのだ、というインスピレーションが電光のようにひらめいたのです。


さらにその後、瞑想していると、自分の知識を超えた概念があふれるように次々と浮かび、びっくりしてノートに書きとる、という体験をしました。

「和 真音（かずしおん）」という漢字と読み方も、その概念の中の一つです。「真の音を和する」という、あまりにできすぎた名前を自ら名乗るなんて、畏れ多くもおこがましいし、恥ずかしいと思い、しばらくは人にも言えませんでした。

いま思い返すと興味深いのは、初めて夫にこの話をしたときに、「僕の名前を苗字にするんだね」と言われたことです。私の夫は「和也」という名前です。結婚して以来、ずっと夫の名を呼ぶことで、自分の潜在意識に「われ和なり」と、その音霊を浸透させていたことに気づきました。宇宙のしくみの奥深さを改めて感じています。

続く

The Secret Origin of Singing Ring

第2章

幸せを引き寄せる倍音の真実

音は、生命と隣り合わせ

水の音、風のうなり、話し声、足音、電車の音、冷蔵庫のモーター音…。私たちの住む世界には、さまざまな「音」があふれています。静寂な空間でも、耳を澄ませば何かしらの音に出合いますね。

この地球上では、まったく音のない状態は、人工的に作った「無響室」でしか体験できないといいます。その中では、快適どころか、気分が落ち着かずにストレスを感じるそうです。それは、太古の昔から、音が私たちの生命と隣り合わせだったことを示唆しているのかもしれません。

音という聴覚情報を取り入れる「耳」と、視覚情報を取り入れる「目」は、その働き方が対照的です。

目は人体の前面にあり、また、まぶたという便利な機能があるため、顔や体の向きを変えたり、目をつぶることで、見る対象を自分で決めることができます。その分、視覚は、意志や意識が働きやすい感覚器といえるでしょう。

一方、耳は、人体の側面にあり、前後・左右・上下３６０度すべての情報（音）を拾うようにできています。また、耳にはまぶたのような「ふた」がないので、何かで覆わない限り、音を遮断することはできません。耳は、24時間365日、寝ているときも情報を拾っている、とても無防備な器官なのです。

また、音は振動でもあるので、耳に聴こえない音も、皮ふ細胞でキャッチしています。知らず知らずに受けとっている音の情報は、まさに膨大。それらは、振動として体にダイレクトに影響を与え、また、潜在意識（自覚できない深い層の意識）に入って、情動や心の動きと密接に結びついています。

音の種類によっては、たとえば、爆音や超音波で対象物を破壊することもできれば、旧約聖書にも登場する竪琴（ハープ）のように、生命を生かすこともできるのです。

私たちは、意識無意識にかかわらず、日頃、どのような音を聴くかによって、体や心の状態から運気、幸福度までが変わってくるのですね。

癒しと浄化のツール

音は生命に直結しているだけに、古くより、神聖なものとして扱われてきました。音の歴史をたどってみると、邪気を払って体や場を浄めたり、心を鎮めて瞑想したり、神仏へ合図をする祭祀の道具として用いられていたことがわかります。寺社や教会に鐘があるのは、その一例です。

チベット密教の僧たちが修行に用いる法具の一つに、現地語で「ドニパトロ」という金属製のボウルがあります。その音色や響きで体を癒したり、精神を統一して深い瞑想状態に入るための道具で、その使い方の極意は、高僧にのみ受け継がれる秘技とされていました。

最近では、日本でも、チベタンボウルやシンギングボウルという名で、ヒーリング愛好家の間で親しまれていますが、5000年も前から、現代の音響療法にも通じるメソッドが存在していたとは、驚きですね。

このチベタンボウルは、シルクロードを経て日本に伝わったともいわれ、時とともに、澄んだ伸びやかな音色に洗練されて、「お鈴《りん》」という仏具としていまも使われています。

宇宙は音から始まった

音の歴史をさらにさかのぼると、なんと、宇宙の起源にたどり着きます。

「はじめに言があった。言は神とともにあった。言は神であった」という、新約聖書のヨハネの福音書の有名な句。この「言」とは響き、つまり、音のことをさすと考えた方が、自然な理解ができるのではないでしょうか。

また、インド最古の聖典「ヴェーダ」には、暗黒の宇宙に「AUM」の音が響きわたって世界が生まれた、と記されています。これらは、宗教を超えた宇宙の真理に迫る、興味深い事実といえましょう。

物理学では、真空の宇宙では音は鳴らない、というのが通説ですが、最近の研究で、ビッグバン直後の宇宙には「原始大気」のようなものが満ちていて、音が存在できる状態だった、という説も浮上しています。

〝宇宙は音から始まった〟という古代からの伝承が、現代科学によって証明される日も、間近いことでしょう。

癒しの要素は、倍音をともなう高周波音

近代になると、音がもたらす癒しのメカニズムが、科学的なアプローチによって、次々に明らかにされました。

癒しの音源の代表といえば、小川のせせらぎや小鳥のさえずりなどの自然音です。そこには、人の耳には聴こえない「高周波」音が含まれ、それが、脳波をアルファ波にしたり、自然治癒力を高めたりするといわれています。

「高周波」とは、文字通り、高い周波数のこと。ここで、周波数の話をしておきましょう。

音の正体は、音波という波動（振動）です。ある音が1秒間に起こす波の回数を、「周波数」

または「振動数」といい（単位はヘルツ）、その周波数が「音の高さ」を決めています。

人間の耳に聴こえるのは、約20～20000ヘルツ。これを「可聴音」とか「可聴域」といいます。20ヘルツ以下は「超低周波音」といって、聴覚ではとらえられませんが、振動として触覚（皮ふ）で感知されるものです。6000ヘルツ以上の音は「高周波音」といい、さらにその中でも、人の耳に聴こえない20000ヘルツ以上の音を「超高周波音（超音波）」といいます。


高周波音が癒しをもたらす、といっても、医療に用いられる超音波エコーや、魚群探知のソナーなどの人工的な超音波は、その限りではありません。超音波は、洗浄や分解にも用いられますが、使い方によっては、対象を破壊したり殺傷する力にもなります。

同じ高周波の中にも、〝癒し音〟と〝非癒し音〟がある。そのちがいは、何なのでしょうか。

それが「倍音」なのです。波やせせらぎの音、虫や小鳥の声などの自然音は、高周波であるとともに、豊かな「倍音」を含んでいるのですね。この倍音の話は、のちほど、もう少し詳しく説明します。


ちなみに、市販のCDは、不可聴域の20000ヘルツ以上の音がカットされています。同じ音楽でも、生演奏の方が感動が大きいのは、耳に聴こえない不可聴域の音まで含めて、体全体で音を感じながら聴いているからでしょう。

もちろん、CDであっても、可聴域内に癒しの成分が含まれていれば、よい変化をもたらします。

528ヘルツという周波数

音の周波数が、周囲に物理的な変化をもたらす、ということの科学的な研究は、19世紀頃から始まりました。音響学の父といわれるエルンスト・クラドニは、薄く砂をまいた皿のそばでヴァイオリンを奏でると、砂が複雑な幾何学模様を描くことから、「音波は形を作る」ことを立証したのです。

この実験に立ち会ったナポレオンも驚いたといいますが、周波数によって砂の模様がさまざまに変化することは、まさに宇宙の神秘ですね。

近年、注目を浴びているのが、528ヘルツの周波数です。なんと、DNAをも修復してしまうということで、528ヘルツの音を放つ音叉やCDが、ヒーリング愛好家の間で爆発的な人気を博しています。

人間はたったひとつの周波数では救われない

私たちの体は、60兆もの細胞でできています。各組織や器官はおたがいに連携しているので、DNAが損傷すれば、周囲も傷ついているはずです。DNAが528ヘルツだとしたら、もう一つの核酸のRNAは何ヘルツなのでしょう？　細胞内水や細胞壁などは？

DNAにとってふさわしい周波数があるように、RNA、体細胞、脳細胞、神経細胞、臓器、筋肉、皮ふなど、それぞれの組織や器官には、それぞれにふさわしい周波数があります。厳密には、60兆の細胞には60兆種類の周波数が必要かもしれませんし、個体差まで考えたら、無数の周波数が要ることになるでしょう。

私たちは、単細胞のアメーバではなく、何十億年という生物の進化を遂げてきた複雑系の存在であることを忘れてはなりません。

また、音叉は、528ヘルツだけでなく、各周波数に合わせた音を自在に出すことができるので、欲しいと思う周波数をチョイスするには便利な道具として知られています。その音色は、倍音を含まない「純音」です。自然界にある音は、すべて倍音を含んでいるので、純音は、倍音を排除して人工的に作ったものということになります。

時報の音や、聴力検査の音などがこれにあたります。もともと、楽器のチューニングに用いる道具である音叉は、音合わせの際に倍音が邪魔になるため、形状を工夫して純音のみを得られるようにしたものです。

自然の一部である私たちが〝心地よい〟と感じるのは、自然な音です。また、たった一つの周波数を、長時間、受けつづけると、人の体は拒絶反応を起こすこともあります。

一つの周波数を純音で聴くことは、たとえていうと、合成ビタミンや薬の概念に似ているかもしれません。

合成したビタミンは、体とのなじみや吸収率が不自然で、化学的な薬は、必ず副作用をともないます。同じ成分を摂り入れるのでも、食べ物や天然型ビタミンなど、自然の摂理による絶妙なバランスを保ったものを摂り入れた方が、生命は喜ぶのですね。

倍音の正体

さて、ここでいよいよ、倍音の正体について、明らかにしてみたいと思います。

私たちがふだん耳にする音は、聴こえる音は一つでも、じっさいにはいくつかの音が重なり合っています。太陽の光をプリズム（分光器）に通すと、七色の光に分解されるように、音も、周波数分析装置を使うと、さまざまな周波数や波形が現れるのです。これを「複合音」といいます。

いくつもの波形が重なっている複合音は、周波数のもっとも低い「基音」と、その周波数が2倍、3倍…と正数倍になっている「倍音」で構成されています。ふつう、耳に聴こえるのは「基音」です。

たとえば、ピアノで〝ド〟の音を鳴らしたら、その2倍音であるオクターブ上の〝ド〟や、3倍音である〝ソ〟も、同時に鳴っている＝共鳴しているのです。

また、同じ〝ド〟でも、ピアノ、トランペット、ヴァイオリンなど、楽器によってその音色がちがうのは、〝ド〟の音に含まれる倍音がちがうためです。


癒しの効果は、共鳴する倍音が多ければ多いほど、大きくなります。

楽器の中でも倍音が多いのは、ヴァイオリンなどの弦楽器です。

インドのシタールという弦楽器は、上部に約7本、下部に約12〜16本の弦が張られており、演奏時には、上部の弦のみを爪弾きます。下部の弦は、〝共鳴弦〟といって、音を共鳴させて倍音を作り出すためだけに存在しているのです。この豊かに響く倍音が、独特のエキゾチックな音響を作り出しているのですね。

声明《しょうみょう》や聖歌の合唱も倍音

人の声も倍音です。生まれつきの声質や声帯、声の出し方などにより、倍音を多く含んでいる声や歌声は、聴いているだけでも人を惹きつけたり、癒したり、陶酔させる力を持っています。

モンゴルには、唸り声のような低い声と、非常に高い声の2つの声を、一人で同時に出す「ホーミー」という歌唱法がありますが、これは、声帯を震わせて倍音を耳に聴こえるレベルまで押し出す、超絶の技巧です。

仏教僧による読経や声明にも、倍音が多く含まれます。マントラ（真言）の意味はわからなくても、聴いているうちに、ある種の陶酔状態になった経験を持つ人も多いのではないでしょうか。これは、マントラの言霊と倍音によって意識が変性し、高次へいざなわれたものと考えられるでしょう。

また、聖歌の合唱では、本来聴こえるはずのない高い声がしばしば聴かれ、古くより「天使の声」などと呼ばれてきましたが、これも、倍音を聴きとっていたものと解釈されています。

倍音が奇跡を起こすための条件

建物の素材や構造も、倍音に影響を及ぼします。

西洋の教会は、石造りの壁に反響して倍音が共鳴しやすい構造をなし、ある種の「共鳴場」になっています。そのため、聖歌の声やパイプオルガンの倍音が重なり合い、天上界のような神聖さを感じさせる独特の音空間が生まれるのです。

このように、音源の種類だけでなく、周囲環境によっても、倍音は共鳴現象を起こし、増幅してゆきます。

倍音は、多ければ多いほど癒し効果が高いのと同時に、低周波から高周波まで、倍音の音域が広ければ広いほど、奇跡的な高い癒し効果を生むのです。

そのような条件がそろっているのが、教会内でのパイプオルガンやオーケストラの演奏、72弁以上のスイス製オルゴール、そして、自然の中では熱帯雨林の環境であるといわれています。最近では、水滴が瓶の中に落下して反響する音を楽しむ「水琴窟《すいきんくつ》」も、癒しの音源として注目されるようになりました。

倍音による癒しの原理

癒しの力とは、身心を本来の健康体に戻す力、私たちにもともと備わっている自然治癒力を引き出す力、と言い換えることができます。自然治癒力が発揮されるのは、自律神経のうち副交感神経が優位になったときです。

自律神経は、呼吸や体温、脈拍など、基本的な生命活動を担っています。リラックスすると副交感神経がＯＮに、活動的になったり、緊張したり、せかせかしたりすると交感神経がＯＮになり、朝と夜、あるいは必要に応じてそのスイッチが自動的に切り替わることで、身心の健康が保たれているのです。

現代は、ゆったりとしたひとときを持ちにくい時代で、副交感神経がＯＮになる場面が少ないため、癒しが特に必要とされますが、夢や望みを実現して人生を積極的に謳歌するためには、交感神経の働きも欠かせません。大事なのはそのバランスなのですが、そのスイッチの切り替えがうまくいかずに、バランスを崩してしまっている自律神経失調症の人が急増しています。

幅広い周波数の倍音は、自律神経をつかさどっている脳幹の血流を促進します。そして、交感神経と副交感神経のバランスを回復させてくれるのです。このことは、旧文部省と京都大学の合同研究によって、20年近くも前に明らかにされています。

また、脳幹は、ハッピーホルモンといわれるドーパミンやセロトニンといった脳内伝達物質もコントロールしているので、心の安寧や日々の幸福感にも大きく関わっています。そのため、脳幹が刺激されると、癒し効果を得られるだけではなく、免疫力や生命力そのものが旺盛に活発になり、身心ともに健康に、幸せをキャッチできる状態になるのです。

近年、高周波の音が、癒しの音としてもてはやされるようになったのは、現代人が、車の騒音や電化製品のモーター音など人工的な低周波音を浴びすぎ、とりわけ高周波音に飢えているからともいえるでしょう。

熱帯雨林の音環境を超える、奇跡の「全倍音」

熱帯雨林は、振動として感じる地球のマグマの低周波（約2〜3ヘルツ）から、鳥や虫の声、葉ずれの音などを含む超高周波音（約150000ヘルツ）まで、じつに幅広い周波数が同時に存在する、たぐいまれな環境です。宇宙自然界に作られた生命体が本来の状態へと回帰する、胎内のような場所かもしれません。

ひきかえ、都会の音域は、自然倍音がカットされた低周波の人工音で埋めつくされています。生命の自然な流れやリズムが妨げられ、身心が不調和を起こしてしまうのは当然といえるでしょう。

かといって、赤道直下の熱帯雨林は、気温や湿度が高く、またジャングルには獰猛な肉食獣もいるため、人が住めるような環境ではありません。

この熱帯雨林のように幅広い周波数帯の倍音を、瞬時に生み出すことのできる楽器が、シンギング・リンなのです。

パイプオルガンやオーケストラ、あるいはオルゴールは、幅広い周波数を得るためには、楽曲が演奏されるのを待たねばならず、また、多くの楽器を必要としますが、シンギング・リンは、たった一打の音で、それ以上のことをなしえるのが特徴です。

シンギング・リンの音を周波数メーターで測定すると、上（高音部）も下（低音部）も針が振りきれてしまうため、じっさいにはどこまで出ているかわかりません。

そして、低周波から高周波までの倍音が無限に連鎖して共鳴し合い、美しい懸け橋ができるよう、残響音の倍音列までを細かく規定し、作り上げています。倍音同士がえもいわれぬ美しいハーモニーを奏でながら、無限の周波数を放っている状態。これを、「全倍音」と名づけました。

日本の匠の技が結晶した天授の芸術品

シンギング・リンは、先に紹介したチベット密教の法具、チベタンボウル（シンギングボウル）をもとに、天の導きとしか思えないプロセスを経て、日本の伝統工芸の技を駆使して生まれた音響楽器です。

チベタンボウルをバチで叩くと、豊かな倍音を放ちますが、その響きは長くはつづきません。また、作り方に規定がないので、その種類は作った数だけ存在し、ボウルや叩く場所によって周波数はまちまちです。

ボウルによってさまざまな音色を楽しめるのが特徴ですが、それぞれ倍音列が微妙に異なるので、2つ以上のボウルを美しく共鳴させるのはたいへん難しい楽器です。

一方、チベタンボウルの変化形である日本のお鈴は、響きは長くつづきますが、周波数の幅は小さく、倍音も少なめであるのが特徴です。

チベタンボウルのような豊かな倍音を持ち、しかも、お鈴のように残響音が長くつづく音を同時に実現するのは、職人の方にいわせると、白と黒を同時に出すくらい、難しいことだったようです。しかし、私は、生死の境をさまよっていたとき、意識の中に鳴り響いた（宇宙から届いた）音を、ただただ再現することだけを考え、卓越した手技を持つ熟練の職人さんたちを説き伏せ、設計図通りの形状を創り出すため、技術にさらなる磨きをかけていただきながら、具現化したのです。

シンギング・リンの種類は大小2つしかなく、大きいボウルを『宇宙』、小さいボウルを『大地』といいます。材質は、数種類の金属と、ガラス質であるケイ素を絶妙な配合で混ぜた特殊な合金です。一つひとつの工程がたいへん根気の要る手作業で、鋳型を使って鋳造した後、設計図通りの形にするために、職人さんが1個ずつ手作業で丹念に削り出し、鍛え抜かれた耳と特別なチューニングメーターで精密な調音がなされます。

円形の淵のどこを奏でても、360度同じ周波数と倍音列になるよう、完全に調音されているため、ほかの楽器にはない、次ページに掲げるような奇跡的な現象が起こるのです。バチで叩くと、3〜4分もの長い間、残響音がつづきます。

特殊な配合比の合金、匠の技、そして設計図——。そのいずれが欠けても実現不可能なシンギング・リンは、チベットの山奥でもヒマラヤの秘境でもない、この日本で誕生したのです。

シンギング・リンが奇跡の楽器といわれる4つの特長

特長① 全倍音の奇跡●必要な周波数を生命が自動選択する

私たちの体を構成している細胞は、分子からなり、分子は原子が一定の規則の元に配列されたものです。原子は、原子核とその周りを回っている電子から構成され、原子核は中性子や陽子でできています。電子や中性子や陽子は、宇宙の最少単位である素粒子が振動し、回転運動して物質化したものです。

つまり、この宇宙にあるものはすべて振動している。宇宙はバイブレーションで成り立ち、おたがいに響き合っているのですね。

ミクロの振動が集まって細胞や器官ができ、それらが調和することで組織の働きが生まれます。そのトータルで、その物の総合的な振動が決まるのです。さらに人の場合には、心や意識といった目に見えない要素も加わり、その人固有のバイブレーションになります。

原子の振動や配列の調和が乱されると、体全体や心も不調となり、原子の振動や配列が整って調和すれば、体全体や心の調子もよくなるのです。

Column

共鳴と同調化

同じ振動数（周波数）のものは、おたがいに“共鳴”します。テレビやラジオ、携帯電話も、電波の共鳴を利用して画像や音声情報を送受信しており、地震で高い建物が揺れるのも、地震波と建物の固有振動数の共鳴によるものです。1940年、アメリカのタコマナローズ橋がひとりでに揺れ始めて崩壊した事故も、風の揺れと、橋の固有振動数が一致して共鳴したために起こりました。

共鳴とよく似た現象に“同調化”があります。異なる振れ幅（振動数）で振れるメトロノーム同士を近くに置いたとき、いつのまにか同じ振れ幅で振れ始める現象が同調化で、振動体の振動数そのものが変化することを意味します。

シンギング・リンによってもたらされる変化は、この共鳴と同調化の原理に基づいたものです。

60兆もの細胞や複雑な精神構造を持つ私たちには、多くの周波数が必要です（じっさいには、1ヘルツちがうだけでも、その間には無限の周波数が存在しています。目盛りで区切ったのは人間で、宇宙自然界に区切りはありません）。

いまの自分にはどの周波数が足りなくて、どの周波数を補う必要があるのか。そして、どのような余剰分を削る必要があるのか。自分では自覚できなくとも、私たちの生命は知っています。

シンギング・リンは、生命と深く共鳴する全倍音を奏でます。その全倍音に身をゆだねると、私たちの生命は、原子レベルで必要な周波数を選びとって共振共鳴し、また同調化することで、本来あるべき自然な状態に戻り、全体が美しく調和するのです。

特長② 共倍音の奇跡● 乗算式に高まる癒し&浄化&蘇生効果

シンギング・リンの『宇宙』をバチで叩くと、叩いていない隣の『宇宙』も鳴り始め、『大地』を叩くと、叩いていない隣の『大地』も鳴り始めます。これは、「ハーモニックサウンド・レゾナンス」という、周波数が完全に一致していないと起こりえない物理的な共振共鳴現象です。

複雑な倍音列の完全共振共鳴現象を、不協和音なく、美しい音色で正確に作り出すことはた

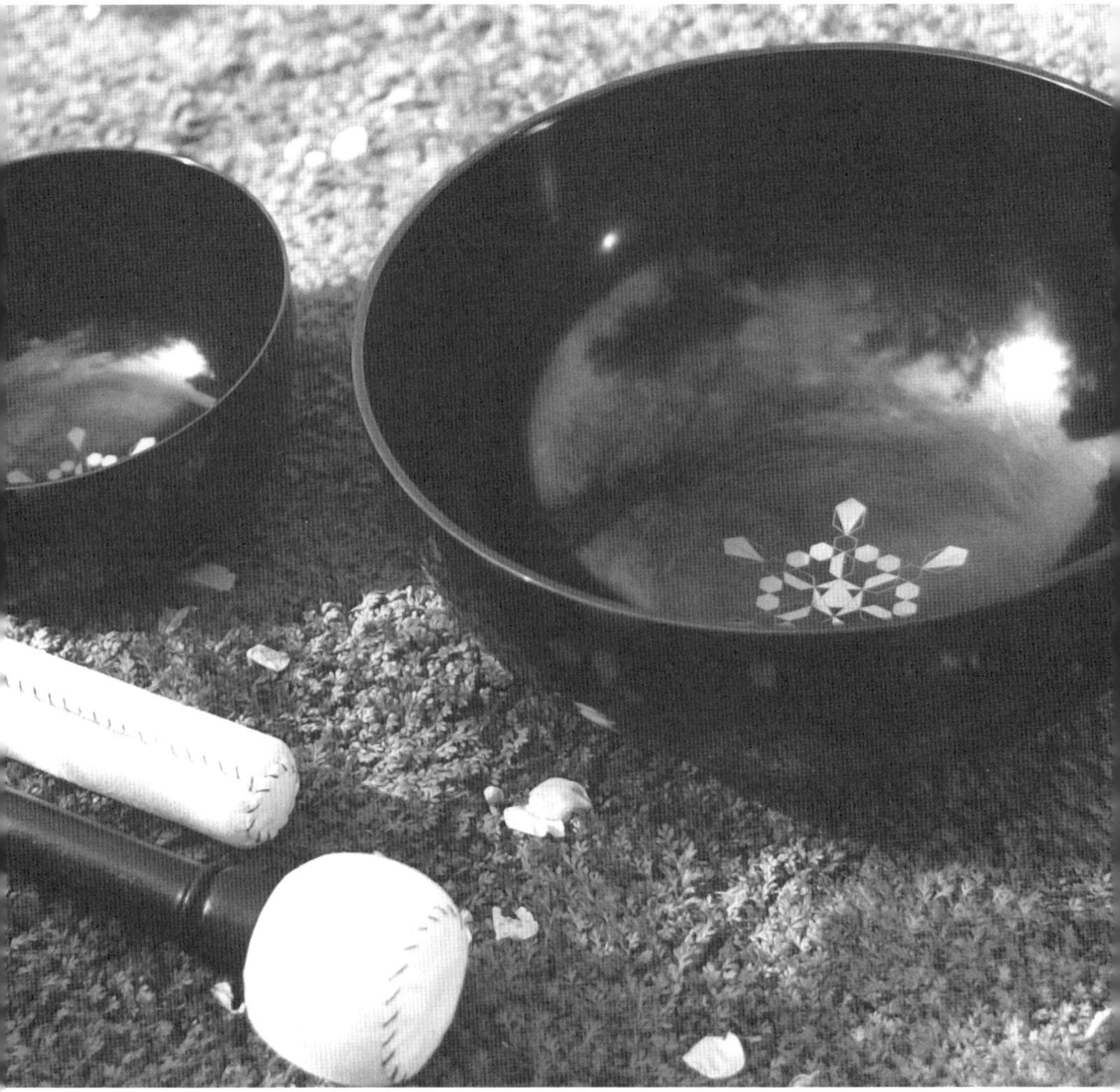

▲写真の右がシンギング・リンの『宇宙』、左が『大地』。

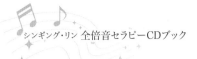

いへん難しく、ひとつでも倍音列がちがってしまうと、完全共振共鳴は起こりません。シンギング・リンをいくつ用いても、この完全共振共鳴現象が正確に起こります。これを「共倍音」と名づけました。

また、『宇宙』と『大地』は、大きさや音色だけでなく、放出されるパワーの強さが異なります。『宇宙』のパワーを10としたとき、『大地』は2ぐらいでしょうか。さらに個数が増えていくと、そのパワーは和算ではなく乗算方式に増幅し、強力になります。これが共倍音の秘力です。

共倍音は、その厚みが増すほど、より深いヒーリングや浄化が可能になり、生命力の賦活効果も高くなります。

特長③ バイブレーション療法の奇跡● 全身の細胞が宇宙と共鳴する

シンギング・リンは、全倍音を耳で聴くほか、体に当て、肌を通じてその振動を直に伝えることができます。聴覚と触覚の2つのルートから働きかけるために、劇的な効果を生むのです。

〝全倍音と共倍音の振動を体感できる〟のは、このシンギング・リンならではの特長で、まさに、〝聖なる音による精妙なマッサージ〟です。目の奥、骨の髄、内臓、脳の中など、

Column

バランシング サウンド・ドレナージュ

シンギング・リンを使った本格的なセラピー《バランシング サウンド・ドレナージュ》を紹介しましょう。

『宇宙』と『大地』を1個ずつ使い、2人1組で行います。クライアント（被施術者）の頭上に『大地』を置き、体の上に『宇宙』を置いて、セラピストはアイロンがけのように『宇宙』をすべらせながらバチで叩き、背面、腹面と、全身の細胞にくまなくシンギング・リンの振動を与えていきます。合間に、頭上の『大地』を奏でてリン同士を共鳴させると、さらに効果がアップ。最後に、腰（お腹）の上の『宇宙』と、頭上の『大地』の縁を“左周り”にこすり上げ、左回転音を響かせます（リリース）。音が鳴りやんだら、こんどは縁を“右周り”にこすり上げて右回転音を響かせ（チャージ）、音が鳴りやむまでゆっくりと休んでもらい、終了です。

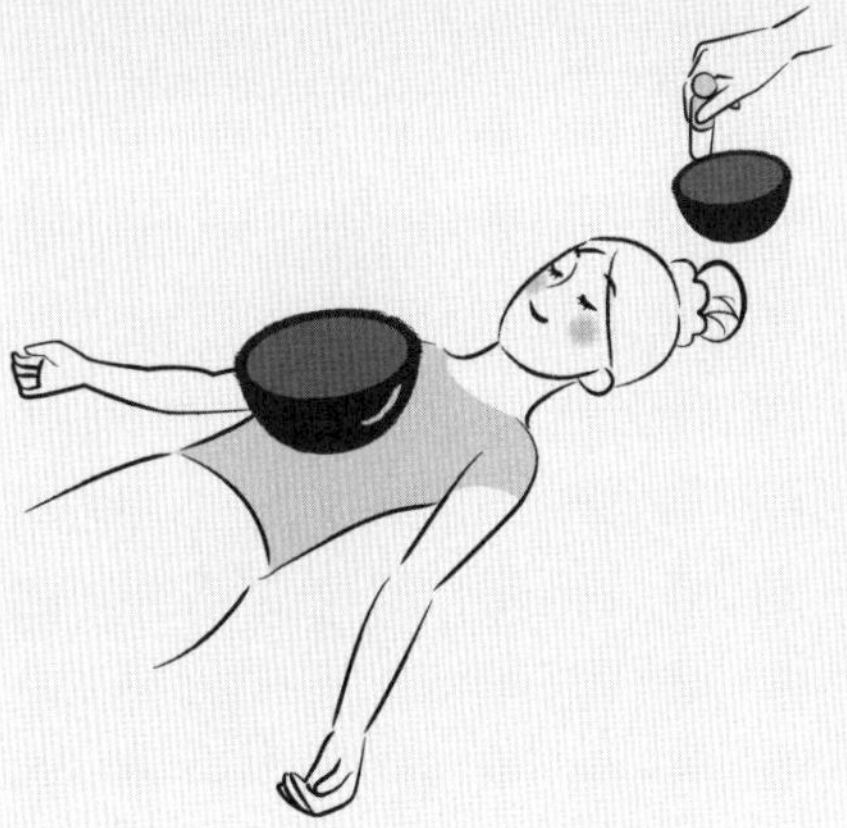

ポイントは、最後に“回転音”を響かせること。左回転音で不要なエネルギーが宇宙へリリースされ、右回転音で、必要なエネルギーがチャージされます。

手の届かない部分までが、原子を揺り動かす繊細なバイブレーションによって解きほぐされ、血液やリンパ、気のめぐり、チャクラの通りなど、あらゆる流れがよくなります。

また、その振動は、滞った流れをよくするだけではなく、体や心、魂に付着した不要なエネルギーを取り除き、浄化する力もあるのです。

このように、音と振動で癒し、身心を蘇生させてゆくセラピーは、〝バイブレーション療法〟といえるでしょう。

全倍音・共倍音の神秘的な倍音ドームの中に身を浸し、その響きに身をゆだねるバイブレーション療法は、さながら無重力を体感する宇宙旅行のようです。体験者の声を、いくつか挙げてみましょう。

「音の温泉に浸かっているよう」

「空とか無の境地とは、こういうことかと思った」

「体と心と魂の最高のエステ」

「体がポカポカして、すっきり心地よくなりました」

「施術が始まるとすぐに寝てしまい、起きたときは１００年の眠りから覚めたように爽やかで清々しかった」

「施術後、体が軽く、理由もなく楽しかった」

「高次元の宇宙に行って、身も心も魂もすべてをベストな状態にメンテナンスしてもらい、また地球に帰ってきたような感じです」…etc.

全倍音・共倍音のバイブレーション療法による身心の変化や体感は、人それぞれですが、子どもたちは、この聖なる音と無邪気に戯れ、生命そのままに喜びを表現します。なかには、シンギング・リンから虹色の美しい光が出ているのが見える、と表現してくれたお子さんもいました。

特長④ 六芒星の奇跡●水の中に〝聖なる形〟が現れる

シンギング・リンの中に水を張り、バチで縁をこするように回すと、水の中に六芒星が現れます。

六芒星とは、三角形と逆三角形を組み合わせた形で、陰と陽、上昇と下降、拡大と縮小など、相対する二元のエネルギーが融合する調和のシンボル、聖なる図形として、古より特別に扱われてきました。

その六芒星の頂点を結んだ六角形は、自然界でもっとも安定した形で、雪の結晶、蜂の巣、亀の甲羅などに見られ、飛行機や新幹線の構造体にも応用されています。

▲水の中に神秘的な六芒星が浮かび上がったシンギング・リン。

シンギング・リンの中にこの六芒星が現れるのは、どこから叩いても同じ周波数を放っている証で、その周波数が宇宙の摂理に合致しているとみることができるでしょう。

この聖なる六芒星が現れた水を、水専門の研究所で分析していただくと、虹色の光が内から放たれた、たいへん美しい結晶になっていることがわかりました。

また、音は、水中では空気中の4倍の速さ、毎秒約1500メートルで進みます。私たちの体は約7割が水なので、たとえば、背中にシンギング・リンを載せてバチで叩くと、その振動は体内水を伝って瞬時にお腹側に届き、同時に、体内水の分子構造やその配列が整います。

さらに、ボウルの縁をバチでこすり上げて回転音を作れば、体内水も六芒星を描いて、宇宙の調和を体現した状態に近づくと考えられます。小宇宙である体の中に、聖なる図形が宿るという、神秘的な現象が起こるのです。

人を調律する道具

ピアノでもギターでも、楽器を放置しておくと、音が狂ってしまいます。美しく心地よい曲を奏でるには、定期的に調律することが必要です。

オーケストラでは、すべての楽器のチューニングを行ってから演奏を始めます。個々の楽器がバラバラな音程で演奏すれば、不協和音となって、およそ交響曲にはなりませんね。

人間も同じで、ストレスがかかれば、自身の音が狂い、本来の美しい音色が響きません。そのような人たちがコミュニケーションしたら、不協和音が生まれてしまうでしょう。

本来の周波数にチューニングされた人同士が事を成せば、基底の周波数がそろっているので、自我がかち合ったり、おたがいにぶつかり合うことなく、それぞれの個性を生かし合うようなすばらしい交響曲を演奏できるでしょう。

楽器をチューニングする道具は、音叉です。では、楽器よりももっと複雑な周波数を持つ人間をチューニングする道具は？　そんな概念は、いままでなかったかもしれません。

全倍音を奏で、共倍音というたぐいまれな完全共振共鳴現象を起こすシンギング・リンは、人間だけでなく、動物、植物、鉱物、無生物、空気、水、環境…すべてを、調和という宇宙の音律にチューニングする道具なのではないか…シンギング・リンの音によって起こる変化や現象を考えると、そのように思えてならないのです。

虚空《こくう》の音が生まれるまで
～シンギング・リン誕生秘話2～

宇宙から降りたオリジナルマーク

和 真音という名を授かる半年ほど前、特殊な能力を持つ中学生の少女との出会いがありました。少女は、宇宙からその人に与えられたオリジナルマークを描くことができるといいます。

私のオリジナルマークは、公の席で初めて「和 真音」と名乗った日の夜に授かりました。オリジナルマークを頼んだこと自体を忘れていたので、突然の電話でそれを告げられたとき、まるで、「和 真音」誕生のプレゼントのようで、とても嬉しかったことを覚えています。少女に、不思議な音の話をすると、彼女はその音を〝知っている〟といいます。そして、その音のエネルギーのオリジナルマークも描いてもらうことになりました。

まもなく授かったそのマークは、六角形や六芒星をアレンジしたような神秘的な幾何学模様でした。三角形と逆三角形を組み合わせた六芒星は、相対する2つのエネルギーが統合された調和のシンボルで、その頂点を結んだ六角形は、雪の結晶や蜂の巣、亀の甲羅など、自然界の中でもっとも安定した形として知られ、ハニカム構造として工学分野にも応用されています。

図形の中には、宇宙の波動と通じて聖なるエネルギーが宿るものがあり、インドでは昔から〝ヤントラ〟と呼ばれて神聖視されていますが、この授かった幾何学マークは、まさしくヤントラのように、美しいエネルギーを放っています。この後、何度もボウルの試作を繰り返すことになるのですが、そのマークは、さまざまな局面で、大切な方向を示す指示器の役割も担ってくれました。

頭の中の〝その音〟は、私が初めて聴いたチベタンボウルの音と似ていましたが、もっと深遠で、宇宙の彼方より響いてくるような静謐《せいひつ》で荘厳な音色でした。音とともに、ボウルのビジョンも明瞭に浮かんでいました。ボウルの中には、くるくると星が回っています。当時はそれが何のことかわかりませんでしたが、その〝回る星〟が重要な意味を持つことを、後から知ることになるのです。

車いすのおばあさんが歩けるように

幻の音を求めるうち、私はいつのまにか、チベタンボウルの収集家になっていました。

当初は自分で楽器を作るとは思っておらず、現存するチベタンボウルの中に、その音を再現するものがあるにちがいないと思っていたのです。

ありったけのチベタンボウルを持って、仲間とともに老人介護施設を慰問したことがありました。ボウルを鳴らしたり、ボウルの中に張った水が飛び跳ねる様を楽しんだり、みなさん童心に帰って大喜びされました。最後に、頭にかぶってヘッドヒーリングを体験してもらうと、車いすに座っていたおばあさんが、広場の中央に置いたボウルの方へ歩み寄ってこられます。その様子を見た職員の方がさめざめと泣き始めたので、わけを伺うと、そのおばあさんは、何年も歩けなかったというではありませんか。

また、小学校で絵本の読み聞かせをするボランティアでは、絵本を読む前にチベタンボウルを奏でると、子どもたちはいつもよりも集中して、じっと聞き入ってくれるのです。

音について知れば知るほど、人の役に立ち、喜ばれる音響の世界があることを確信していきました。しかし、いくつものチベタンボウルに出合っても、頭にある音を再現するものはありません。私の思い描くボウルを何とかして探し出したい、という気持ちは、日に日に高まっていきました。

次々に見つかる問題点

「探しても見つからないのなら、オーダーしよう!」。知り合いのつてで、ネパールにあるチベタンボウルの製造業者につながることができました。ヒマラヤ山脈に抱かれた聖地で作られるチベタンボウルなら、きっとよいものができるにちがいないと、半年にわたって4度、途中、業者も変えて注文をくり返しました。

ところが、細かく指示を出しても、望むものはできずじまい。私の指示する設計図はかなり精密だったにもかかわらず、指示通りの寸法でき上ってこないばかりか、音程もまちまちです。中に描こうとしているオリジナルマークは、手描きのために直線が曲線になっていたずら描きのようにも見え、本来の美しいエネルギーをまったく感じさせない図柄となっていました。残念ながら、ネパールの工場には私のリクエストに応えるための、さまざまな技術が足りなかったのです。

一方、ネパールで最高級といわれるチベタンボウルを30個ほど輸入し、新春パーティーで紹介すると、あっというまに完売。多くの人が音響楽器に興味を持っているとわかり、私にとって自信につながりました。

ところが、その1週間後に、3人から返品したいという電話が入ったのです。1人目の人は、ボウルの中に彫刻されている仏画が気に入らない。2人目の人は、叩く場所によって音色がちがい、サンプルとして聴いたチベタンボウルの音ともちがう。3人目の人は、何かの拍子に真っ二つに割れてしまったと…。

チベタンボウルは、その大きさや、素材である金属の配合比率が物によって異なり、作るための基準が決まっているわけではありません。そのため、品質が安定せず、物によって大きさもちがえば、音の周波数や音色にばらつきがあり、それが個性ともいえます。しかし、個性がぶつかり合うことで、共鳴現象は起きず、不協和音による音酔い現象も引き起こします。幻の音色の楽器さえできれば、それらはすべて解決されるのです。私は一人で焦り始めていました。

友人の一言が窮地を救った

気がつくと、ボウルの開発資金はびっくりするような額になっていました。優に100個は超えるチベタンボウルに接しながらも、頭の中に響く〝幻の音〟と同じ音を奏でるものは、まったく見つかりません。1年にもわたって、存在しない楽器のことを熱く語りながら、湯水のようにお金を浪費していく私を、周囲は冷ややかな目で見始めていました。

　すべてがうまくいかず、さすがに自信もなくなり、意気消沈していた私を見かねて、友人の一人がこんな言葉をかけてくれました。「オーストリアの友達にこの話をしたら、なぜ日本で作らないのか、と言われたよ」――。その何気ない一言に、私は雷に打たれたような衝撃を受けたのです。

　それまで私は、チベタンボウルは、その発祥地であるチベットやヒマラヤで作られるべきと思いこんでいました。その思いこみが崩れた瞬間、私の思い描く理想のボウルは、日本の技術をもってしか作り得ないのだ、日本だからこそできるのだという、強い炎のような確信が点火したのです。

　次の日、私が向かったのは、百貨店の仏具売場でした。そこで、日本の伝統工芸〝お鈴《りん》〟が富山県で作られているという情報を得て、インターネットで製造会社を検索し、翌日にはレンタカーを借りて、友人と子どもと連れ立って、富山県へと朝早く出発しました（夫は単身赴任中でした）。

続く

第3章
あなたの毎日に奇跡を起こす新時代の成幸法

シンギング・リンが奏でる「全倍音」と「共倍音」は、癒しや浄化、能力開発、願望実現などの分野において、いままでの方法で成し得たさらにその先まで到達できる、新たな可能性に満ちあふれています。既存のあらゆるヒーリング法やセラピーとも相性がよく、それらの効果をさらに高める働きもします。それはまさに、〝セラピー革命〟といえるかもしれません。

この章では、全倍音と共倍音でどのようなことが可能になったのか、どのような革命が起こるのか、11の項目からアプローチしてみました。周囲と調和しながらも没個性にならず、一人ひとりがまばゆい輝きを放ちながら毎日を心豊かにおくれる、新たな時代の〝成幸法（幸せに成るための方法）〟です。

1．右脳と潜在意識をフル活用！～願いがかなう理由その1～

私たちの脳には、合理的・論理的な思考をつかさどる左脳と、芸術性や想像力、創造力をつかさどる右脳があります。右脳はまた、大容量の記憶庫でもあり、直感やひらめきが宿る場所でもあり、予知や透視などのＥＳＰ能力や霊的な感性が発揮されるのも右脳の働きです。左脳も右脳もともに大切ですが、現代人は左脳偏重型で、さまざまな可能性を秘めた右脳をフルに使うことができていません。

左脳は、自分で認識できる〝顕在意識〟に、右脳は、自分で認識できない〝潜在意識〟につながっています。潜在意識は、意識全体の97％を占める広大な領域です。そして、潜在意識を使ってイメージしたり念じたりしたことは、形の世界（現実）に現れます。願いをかなえるためには、潜在意識の働きが不可欠なのです。

その一方で、潜在意識の領域には、怒り・悲しみ・妬み・恨みなどの解放されていない感情や、幼少時のトラウマ、前世のカルマなども封じこめられています。それらのネガティブな情報が、日頃の思考や判断に影響を及ぼしているのも事実です。ですので、願望を実現したいか

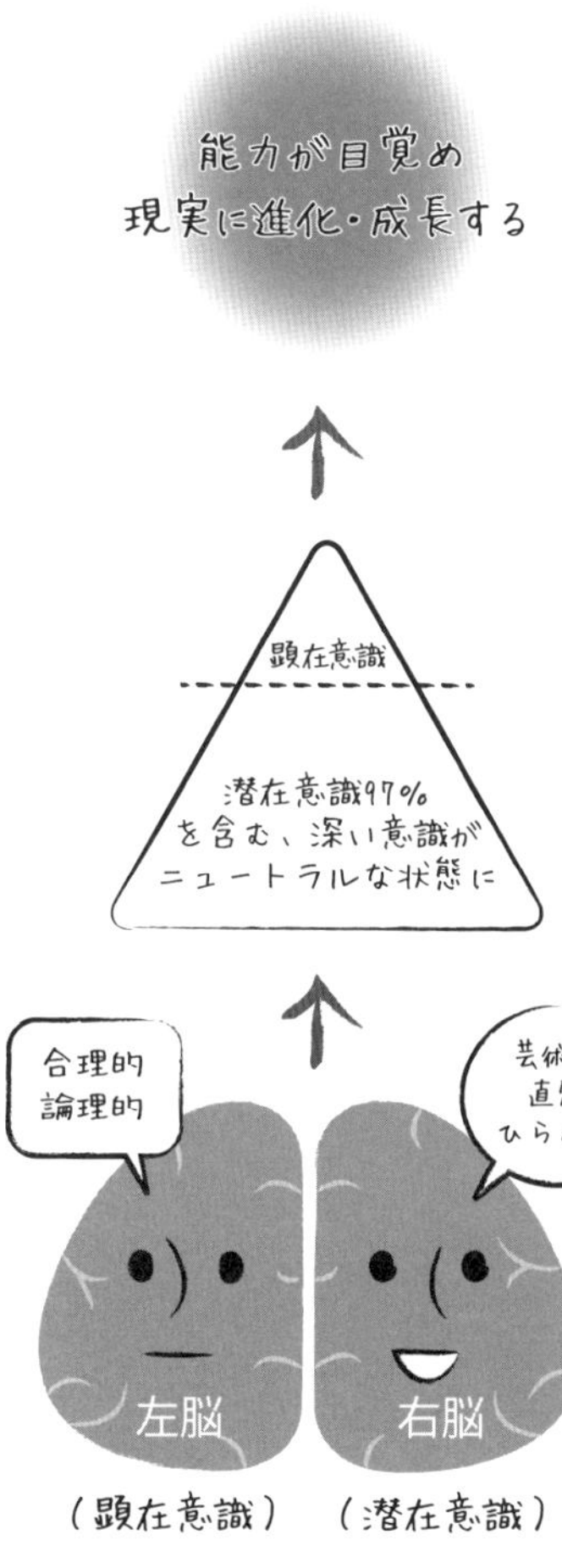

らといって、負の情報をクリーニングしないまま、ただ潜在意識を活性化するだけでは、負の情報が表面化して、かえってやっかいな状況を引き起こしかねません。

シンギング・リンの音色を聴くと、顕在意識がニュートラルな状態になり、水面下の潜在意識にダイレクトにアクセスことができます。そして、幸せや自己実現を阻害している負の情報が浄化されるのと同時に右脳が開き、全脳が統合されて、眠っていた能力がめざめ、開花してゆくのです。その状態で描いた夢やビジョンが、あなたの進化・成長につながることなら、そして周囲も幸せになることなら、あなたの中の無限の力が宇宙と共鳴して、現実になることでしょう。

セラピー革命 1

●潜在意識を〝浄化〟してから活性化するので、安心安全な能力開発ができ、自己実現が可能になる。

2．脳波が変わる！ ～願いがかなう理由その2～

願望の実現には、潜在意識とともに、脳波の状態が深く関わっています。

脳波とは、脳細胞の活動によって発生する電位変化のことで、次の5つの種類があります。

ガンマ波…強い不安を感じたり、興奮しているときに表れる
ベータ波…緊張したり心配事があったり、ふだん起きているときに表れる
アルファ波…身心ともに落ち着いてリラックスしたり、集中したときに表れる
シータ波…まどろんだり、深い瞑想状態になったときに表れる
デルタ波…熟睡状態のときに表れる

このうち、右脳が優位になるのは、アルファ波とシータ波です。脳波がアルファ波になると、ベータエンドルフィンという脳内物質が分泌され、ストレスが低減・解消されたり、自律神経のバランスが回復したり（主に副交感神経が亢進）、血流が促進されたり、免疫力が増強するなどの、いわゆる〝アルファ波効果〟を得られます。

もうひとつの右脳優位波であるシータ波は、眠っている状態と起きている状態の中間である〝半覚醒〟の脳波で、インスピレーションをキャッチしやすく、意識が拡大・高次化し、悟り

《脳波測定が効果を実証》

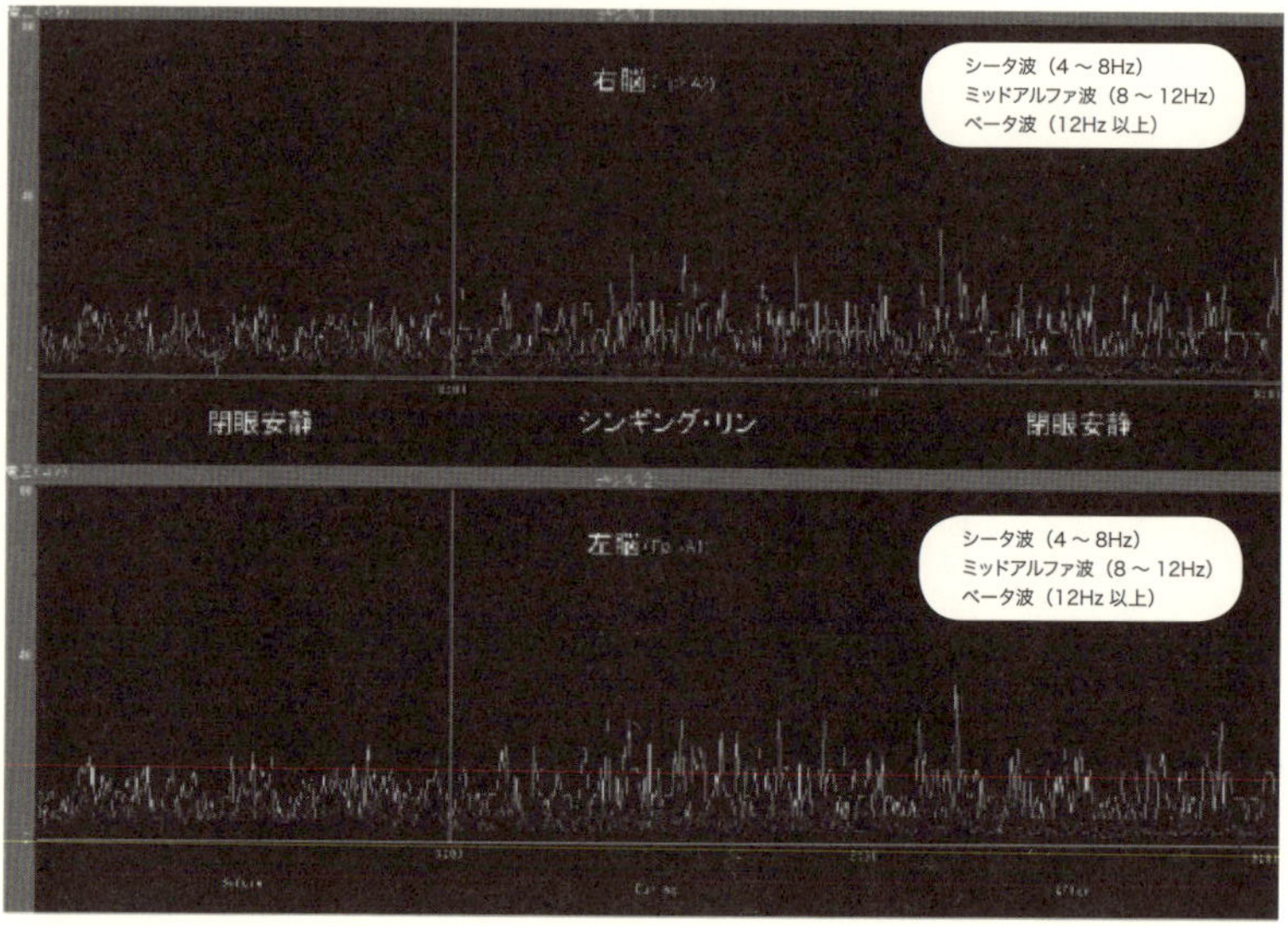

▲シンギング・リンを聴いた直後、アルファ波とシータ波が強く表れ、ベータ波が減った。時間が経過しても維持されている。

《聴く前》

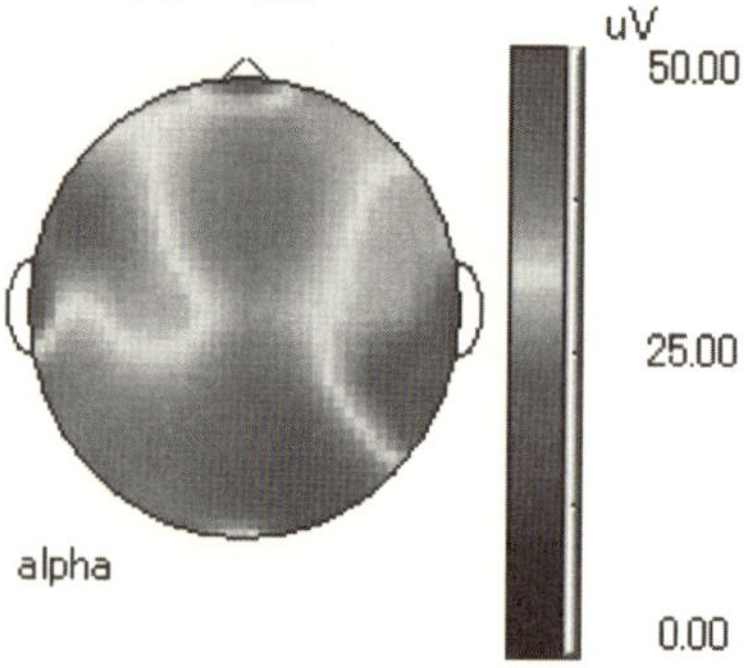

《聴いた後》

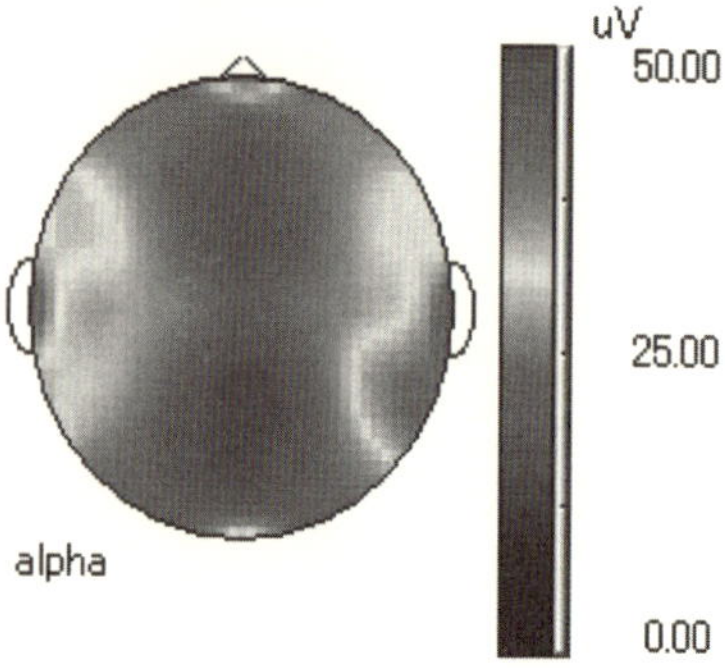

▲色の濃い部分がアルファ波。シンギング・リンを聴いた後は、アルファ波が前頭前野まで表れている。

や至福の境地を体感できる状態です。

シンギング・リンの音色は、半覚醒の状態にならずとも、また、瞑想や催眠という手法を使わずとも、起きた状態のまま、脳波をシータ波へと導きます。近年の研究で、起きたままの覚醒シータ波は、記憶力や学習能力が高くなることもわかってきました。

ではここで、脳波測定の実験データを見てみましょう。

①アルファ波とシータ波が増幅し、ベータ波が半減！

脳波研究の第一人者である志賀一雅博士が、脳波測定を行ってくださいました。

右ページの上のグラフは、時間軸にそって、それぞれの脳波がどの程度出ているのかを表したものです。中ほど左側の垂直線の部分で、シンギング・リンを奏でています。紙面では見えづらいかもしれませんが、シンギング・リンの音を聴いた直後から、右脳・左脳ともに、アルファ波、シータ波が強く表れています。さらに、時間が経過しても、それぞれの脳波は高い数値を維持しつづけていることがわかるでしょう。

また、志賀博士が驚かれたのは、ストレスを感じたときに表れるベータ波が、時間とともに減少してゆく傾向が見られたことです。アルファ波やシータ波を増やす楽器は他にも存在しますが、ベータ波を顕著に抑える働きのある楽器はほとんどない、とのことです。

②前頭前野にもアルファ波が出現！

日本医科大学において、河野貴美子氏が脳波測定を行ってくださいました。

前ページの下の図では、色の濃い部分がアルファ波を示しています。左側がシンギング・リンを聴く前の脳波、右側が聴いた後の脳波です。聴く前は、後頭葉にわずかにアルファ波が見られるだけですが、聴いた後は、アルファ波が広範囲にわたってより強く出ており、前頭葉の中の前葉前野にも表れています。

前頭前野は、脳の他の領域を制御する、もっとも高次な中枢です。この部分までアルファ波になることは、一般のリラクゼーション法ではめったになく、瞑想法の訓練を積んだ人が、1時間以上集中して瞑想したときにようやく表れる脳波の状態ともいわれています。

セラピー革命 2

●脳波をアルファ波やシータ波にするだけでなく、ストレス波であるベータ波を抑える働きがある。

●後頭葉や側頭葉、頭頂葉だけでなく、宇宙意識につながる「前頭前野」までが瞬時に変わる。

Column

波動測定器EAVでも目を見張る結果が！

EAV（Electro Acupunctureaccordingto Voll）とは、ドイツの医師フリッツ・ヴェルナー博士が構築した理論に基づく測定器で、経絡に微弱な電流を流し、その電流抵抗値を測ることで、エネルギーが乱れている部位を発見するものです。ドイツを中心にすでに2万台以上が普及し、医療の現場で活用されています。

測定値は、50〜65が健康な状態で、65以上の場合は機能亢進、50以下の場合は機能低下の傾向があります。

被験者21名が、シンギング・リンを頭にかぶる前と、シンギング・リンをかぶってヘッドヒーリングを行った3分後にEAVで測定すると、リンパ系、肺系、大腸系、神経系、循環器系、アレルギー系、細胞代謝系、内分泌系、心臓系、小腸系のすべての項目において、21名全員が50の数値に近づきました。計測オペレーターの方もたいへん驚かれた様子でした。

EAV測定　30代　女性セラピスト

《施術前》

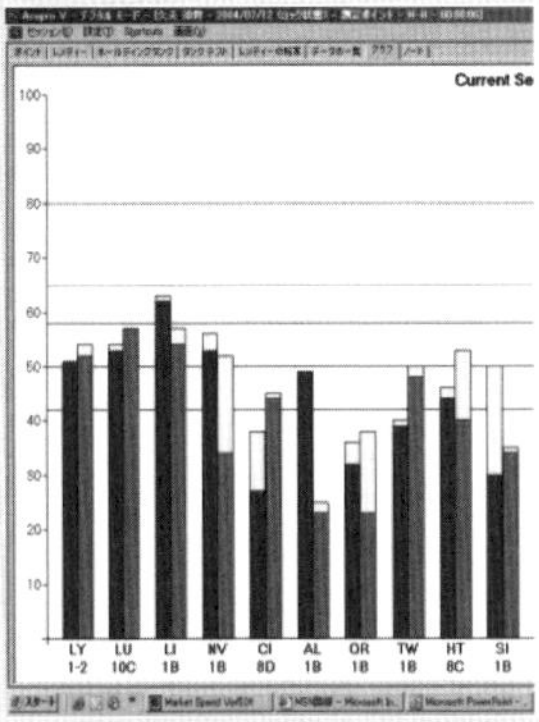

《施術後》

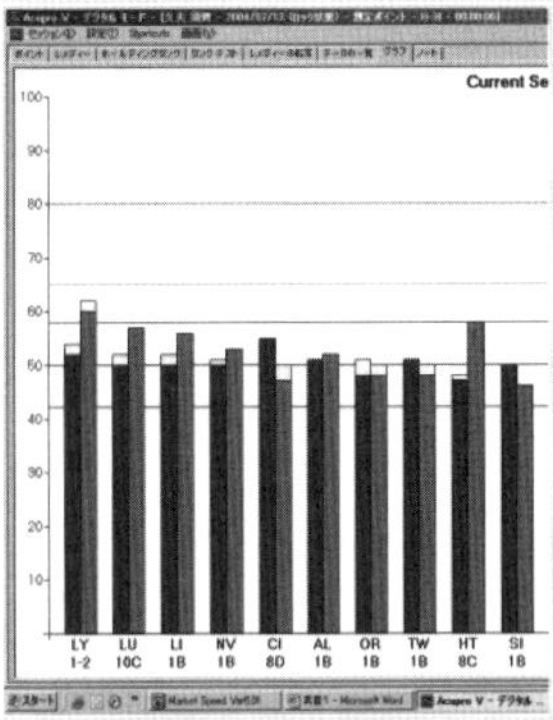

EAV測定　40代　男性健康食品メーカー

《施術前》

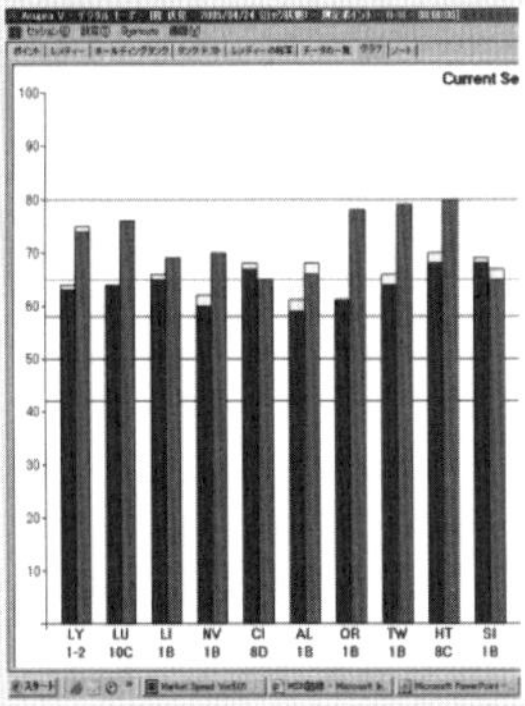

《施術後》

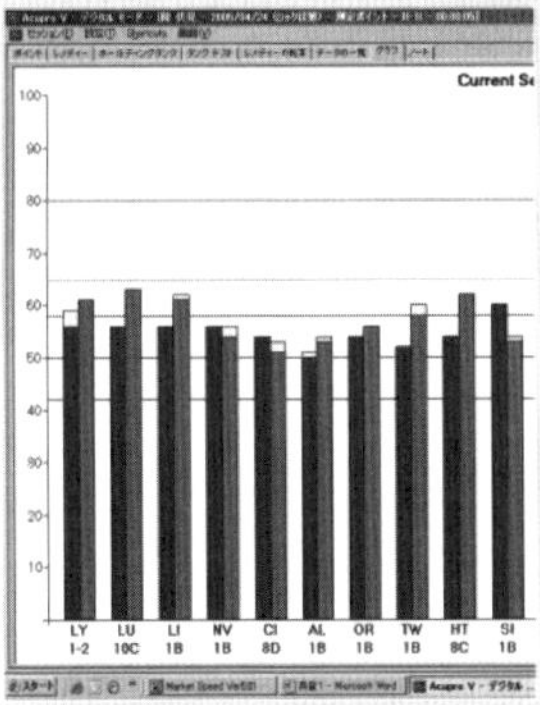

EAV 計測オペレーター鹿野晃弘氏より
「結果の数値は 50 に近いほどよい状態なので、総じて理想の数値に近づいている。また黄色いラインが少ないほど健康で、シンギング・リンの利用によって、今回の被験者すべての方が、経絡バランス、エネルギーバランスが整って、トータルな意味で健康な状態に近づいている」

3. 味がマイルドになる！

全倍音・共倍音を持つシンギング・リンは、人だけではなく、物や空間など、その音や振動が届く範囲に働きかけます。誰もがわかる、簡単な実験を紹介しましょう。

シンギング・リンの中に何か食べ物を入れて、バチでボーンと鳴らします。すると、その食べ物の味がマイルドに美味しく変化するのです。

スナック菓子やインスタント食品など、添加物の多いジャンクな食品ほどその変化がわかりやすく、ピリピリする刺激がなくなって、さらりとした食感になります。体の負担になる成分が軽減されているのでしょう。

同じように、ワインのボトルをシンギング・リンに入れてバチで鳴らすと、長期熟成したような深くまろやかな味になるので、ソムリエの方も驚かれます。缶コーヒーや醤油でも、密封状態のまま、味がなめらかに、美味しく変化します。

また、パワーストーンや宝石は、使っているうちに、輝きが鈍ったり、色が濁ったりすることを経験している方も多いと思いますが、それは、外から被る邪気や、身につけている人のマイナス波動を吸収してくれるためです。そのような状態だと、せっかくの石のパ

ワーも弱まってしまい、逆に、石が吸収した邪気によって、かえって具合が悪くなってしまうことも…。

そんな石でも、シンギング・リンの音を聴かせると、石の透明感と輝きが甦りパワーも復活します。

これらの変化は、以下の原理によるものです。

シンギング・リンの音や振動を浴びる↓原子の配列が整う↓不要なものが浄化される（リリース）↓ニュートラルな状態になる↓バランスのよい状態で調和する（ハーモニー）↓振動が高まる（チャージ）⇓人の場合、運気も上がる！

ポイントは、**リリース↓ハーモニー↓チャージ**が自動的に行われること。すると、その物が持つ本来のよい面が表れ、さらに、グレードアップするのです。人の場合は、本質の輝きが増して、運気もアップします。わかりやすくいうと、AさんがAさんらしく、BさんがBさんらしく輝くということ。それは、他の人が決して持っていない、ルビーやダイヤモンドもかなわない、この宇宙で唯一無二の美しい輝きです。そのような輝きを内から放つようになると、真善美に共鳴する力が強くなって、いつのまにか、幸せを引き寄せている自分に気づくでしょう。

セラピー革命 3

●人、動物、植物、鉱物など、音や振動が届くすべてのものの本質を輝かせ、波動と運気を上げる。

4.〝幸運体質〟になる！

私たちは、よく、幸運のときには〝ついている〟といい、運がないときは、〝ついていない〟といいますね。また、疲労していることを〝つかれる〟といいます。

ついているとは、何者かの強力なエネルギーがついてくれて、ふだんの自分以上の力を発揮できる状態。また、つかれているとは、何者かにのしかかられて、心も体も重くなり、気力も体力も消耗してしまっている状態かもしれません。

どちらが本当の自分なのでしょう？　じつは、どちらも、本当の自分ではありません。真の自分自身とは、何者にもついてもつかれてもいない、真ん中にいる自分なのです。

そのような〝過不足なく偏りのない〟状態を、儒学では「中庸」という言葉で表します。お釈迦さまが説いたのも「中道」です。概念ではわかっても、それを体得するのは難しく、多くの修行者たちがその境地をめざしてきました。

シンギング・リンの音色に耳を傾けると、その音に心も体も集中し、脳はアルファ波やシータ波に瞬時に移行して、ニュートラル、中庸の境地を誰もが体感できます。そして、過去の記憶や未来への不安などにしばられず、〝いまこの瞬間〟を生きることができるのです。これは、瞑想の極意でもあります。

自己啓発では、ポジティブな状態を強いられることもありますが、それをずっとつづけたら、いつか振り子が逆に振れて、ネガティブな状態が訪れてしまうでしょう。

幸せも同じです。ポジティブな状態＝幸せだとしたら、振り子が逆振れしたとき、不幸に陥ることになってしまいます。それに、極端にポジティブな状態は、もしかしたら、生命にとっては負担になっているかもしれません。

永続する真の幸せは、振り子が振れないゼロポイントでバランスを保っている状態のときに、〝起こり始め〟ます。体が調和した状態だと、自然治癒力が働いて健やかでいられるのと同じように、心（意識）がとらわれや偏りのないニュートラルな状態だと、無限の幸せを享受できるのです。シンクロニシティやセレンディピティが起こるのも、この境地です。

生命の本能はいつでも、美しいこと、楽しいこと、喜ぶこと、穏やかであること、快いこと、自他を生かすこと、平和であること、幸せであることを選択します。シンギング・リンは、そんな生命の本質が最大限に開花するようサポートをするものです。

幸せは、追い求めなくてよいのです。生命の本質に忠実に自分自身を整え、その人の本質が輝けば、共振共鳴の原理で、幸せは向こうからやってくるのですね。

セラピー革命 4

- ニュートラルなゼロポイントに戻り、本当の自分に出逢える。
- シンクロニシティやセレンディピティなど、幸せの連鎖が起こる境地になれる。

5. 超高性能な魂のクリーナー！

私たちの魂には、輪廻転生をくり返すうちに垢のようなもの（カルマ）が付着し、それが、体の不調や心の曇り、思考の癖、運気の低迷などの原因になっているといわれています。

前世やDNAをさかのぼって、そうした問題の原因を探り、クリアにするスピリチュアルセラピーもあります。掃除にたとえていうと、このゴミはどこで落としたのか、そのヨゴレは誰に付けられたのかと、現象の理由を検証していく方法です。

しかしながら、なかには、現実に起こることを逐一そのような目で分析するようになり、堂々巡りしてしまうケースや、意識が過去にさまよったまま現実に着地できなくなってしまうケースも…。そうなると、〝いまを幸せに生きる〟という主旨から外れてしまい、本末転倒ですね。

シンギング・リンは、そのような過去の詮索をせず、意識を現実に置いたまま、DNAや魂レベルの不要なエネルギーやネガティブ情報を洗い流すことができます。ルーツをたどらないため、少々物足りないと感じる方がいるかもしれませんが、その代わり、ネガティブなものを大量に洗い流すので、クリーニングが速くすすみます。

私たちは、何百、何千回と転生しているといわれますが、前世の記憶がほとんどない状態で生まれてきます。そこには、過去を知らずにフレッシュな気持ちで1回1回の人生をおくる方が、より大きな学びを得られる、という大きな天の愛が働いている、とも考えられます。

ドロドロにヨゴレて帰ってきた子どもに、「このヨゴレはどこで付けたの？　それがわかるまでは家に入れませんよ」というお母さんもいれば、「お風呂場へ行って、とにかくそのヨゴレを落としていらっしゃい。話はその後ね」と、先にシャワーを浴びさせるお母さんもいます。

シンギング・リンは、後者のお母さんです。現実を招いた過去の原因をすぐに追求するのではなく、まずはキレイを先取りして無理なく過去を手放し、気がついたら自然に軽快な道を歩いている。キレイであることの快適さを体感したら、誰に教わらなくとも自ずとヨゴしたくなくなる、という本能をめざめさせるのです。

過去を詮索しない浄化法に、「ホ・オポノポノ」というハワイの伝統的な自己クリーニング法があります。「ごめんなさい、ゆるしてください、ありがとうございます、愛しています」という言葉を繰り返し唱えると、潜在意識のヨゴレが徐々にきれいになり、現実が好転し始めるという、温故知新の智恵です。

この智恵と、シンギング・リンという高性能の最新掃除機をいっしょに使うのもおススメです。バキューム効果がパワーアップし、いっそう速く、広範囲にわたって、目に見えない粉塵レベルまで一掃できてしまうでしょう。

速くて強力なクリーニングができる、といっても、シンギング・リンで起こる変容は、あくまでナチュラルで穏やかです。

よく、劇的に変化することが〝奇跡〟などと呼ばれてもてはやされたりしますが、急激に変化したものは、またすぐに元に戻る可能性が大きいものです。

シンギング・リンは、生命の営みにそって、その人の受け入れられる範囲の中で、無理なく自然にクリーニングしてくれます。〝ちょうどよい塩梅《あんばい》〟を知っている宇宙の采配が働くので、安心してお任せしていて大丈夫なのですね。

セラピー革命 5

- 過去を詮索せずに、魂レベルでクリーニングができる。
- 速く大量にクリーニングできるが、そのプロセスは無理なく穏やか。

6.〝おはらい〟ではなく、真の〝浄化〟ができる！

私たちは、外界のさまざまなものから影響を受けつつ暮らしていますが、現代は、空気や水、食べ物といった生命維持になくてはならないものでさえ汚染されています。そのため、多かれ少なかれ何らかの〝浄化〟が必要な時代といえるでしょう。

人から負の気をもらったり、エネルギーを奪われる場合もあります。電話をした後で脱力感がある、あの人と会うといつも疲れる、彼とつきあうようになってから何となく運気が下がったみたい…などの感覚が、まさにそれです。

そのようなネガティブエネルギーは、水、塩、お香やアロマなどの香りを使って取り除いたり、運動やサウナ、岩盤浴などで汗をかいたり、体温を高めたりして飛ばす方法が有効です。けれど、それらの方法では、受けたダメージを完全には浄化できません。昔の時代ならそれでも浄化できたかもしれませんが、現代はマイナスエネルギーの度合いが強くなり、量も多くなっているからです。

そして、もう一つ問題があります。仮に、そのマイナスエネルギーを完全に取り除くことができたとしても、地球レベルで見たら、まだ地球上のどこかにとどまっているので、完全に浄化されたとはいいがたいのです。

水で流した場合、河川から海に流れ出て、蒸発して雲になり、雨としてまた地上に降ってくるので、地球圏内をぐるぐる回っています。たんにその人から離れただけ、AからBに場所移動させた引っ越し作業。ハタキで埃を〝はらった〟だけの状態です。

本当の浄化とは、たんなる場所移動ではなく、マイナスを〝無害化〟することをいいます。目に見えないエネルギーレベルにおいても、工場排水を浄水してから海に流すのと同じことをしなければなりません。

そのようなマイナスエネルギーが、シンギング・リンの全倍音や共倍音に触れると、どうなるでしょうか。まず、リンの音色や振動に同調して、周波数変換され、調和した状態に変わります。さらに、ボウルの縁をバチでこすって左回転音を作ると、宇宙へリリースされるのです。

これが、本当の意味での〝浄化〟です。

なぜ左回転音なのかというと、自然界の法則で、左回りは、解放・遠心の力が働くからです。逆に、右回りにすると、集中・求心の力が働くので、宇宙の気をチャージするときには、右回転音にします。

（この左回り・右回りの法則は、日常のいたるところに見られる現象です。たとえば、ねじを締めるときは右に回し、緩めるときは左に回しますね。ホイップクリームを作るとき、泡立て器を左に回すより右に回した方が早く固まるのも、遠心と求心の力によるものです。軟膏やクリームを皮ふに擦りこむときも、右回りの方がより深く浸透するので効果が高く、痛みを取るときは、左回りにさすった方が早く抜けるといわれています）

この周波数変換を、携帯電話の原理にたとえて説明しましょう。

携帯電話で自分の意志を相手に伝えようと思ったら、相手の電話番号にダイヤルしますね。番号によって周波数を特定することで、その回路に載せて、自分の声というエネルギーを遠くにいる相手に伝えることが可能になるわけです。もしも番号を間違えてしまったら、違う相手にエネルギー（声）を送ることになります。

シンギング・リンのリリースとチャージも、じつはこれと同じ原理で、左回転音（リリースの音源）は、宇宙という相手に電話をかけること、右回転音（チャージの音源）は、宇宙という相手から電話がかかってくること、と考えるとわかりやすいでしょう。

いわゆる憑依現象も、シンギング・リンを使うと、周波数変換によって解消されます。迷っている状態を悟った状態へと変え、本来帰すべき宇宙へと送るのです。また、憑かれた本人も波動が高まるので、同じようなものを引き寄せることはなくなる、というのも、大きなポイントです。

セラピー革命 6

●マイナスエネルギーを調和した状態に変質させ、宇宙へ送ることができる。

7. 簡単に使えて、効果は永遠！

何かの問題に直面し、自助努力で解決できないときは、他力に頼るのも方法です。問題解決の〝手段〟として、〝自分で選択〟する心構えがあれば、依存状態にはならずにすみます。

ただし、〝人〟を頼った場合、どんなに立派な方でも生身の人間、いつも同じ状態とは限りません。考え方や哲学、ヒーリングやリーディング能力なども一定ではなく、ブレることもあるでしょう。すると、それを基準にしている自分自身もブレることになります。また、人の命には限りがあり、永遠に頼りつづけることはできません。

その点、〝道具〟を活用するならば、壊れない限り、ブレることはありません。そのとき大切なのは、いかに道具のクオリティが高いか、ということです。

シンギング・リンは、割れたり壊れたりすることがないような特殊合金を創り、材質の温度変化によって生じる誤差の範囲まで想定して精密な調音を施し、さらに、経年によってその調音が変化しないよう設計しています。

電気も磁気も要らず、コードレスで取扱いが簡単、メンテナンスもカートリッジも不要。少なくとも三世代は壊れず、存在する限り、その効力も永遠です。

さらなる特長は、子どもからご老人まで、誰もが簡単に、いつでもどこでも奏でることができる、ということです。バチを持ってボウルを叩くだけなので、特別な才能や特殊な訓練も必要ありません。

自身がブレたときに、本来の自然な周波数に調律（＝ナチュラル・チューニング）してくれる道具が隣にあれば、誰だって心強いでしょう。シンギング・リンの場合は、ただのナチュラル・チューニング（自然回帰）というだけではなく、潜在能力の開発も同時にできるのが特長です。

人は、道具を使うことで、1の力が5にも10にもなります。たとえば、包丁があればトマトをきれいにスライスでき、かぼちゃも2つに割れますが、手でやろうとしたら、トマトはぐちゃぐちゃ、かぼちゃは固くて割れませんね。

道具は、使い方によっては、進化を促すものでもあるのです。

セラピー革命 7

- 電気も磁気も要らず、メンテナンスもカートリッジも必要なく、三世代壊れない。
- 子どもからお年寄りまで、人に頼らず、いつでもどこでも〝ナチュラル・チューニング〟（自然回帰）ができ、同時に、潜在能力の開発もできる。

8. セラピストもクライアントも同時に高まる！

セラピストの方々は、地球に遣わされた愛の天使。本来、高い波動をお持ちの光の存在です。一方、クライアントは、何らかの理由で一時的に波動が低くなってしまった状態です（だからこそ、セラピーを必要としているのですね）。

セラピーを行う過程において、セラピストの高い波動がクライアントへと流れていきます。肌と肌が触れていれば、なおのこと。セラピストとクライアントは、エネルギー交換を行っているのです。

そのため、多くのセラピストの方は、クライアントから〝もらう〟〝受ける〟というお悩みを持っています。施術を行うたびに、気力・体力・生命力を消耗するのです。

セラピストの中には、自分のエネルギーを使うのではない、自身が0になって〝媒体〟に徹すれば、純粋な宇宙からのエネルギーが無限に注がれる、という方もいらっしゃいます。ですが、肉体がある以上、〝マイナスを絶対に受けない〟ことはなく、また、受けたものをすべて取り除くことは、至難の業です。

そんなセラピストの方々にとって、シンギング・リンはまさに革命を起こします。

まず、シンギング・リンの音色はどんなものとも調和するため、あらゆるセラピーやセッションとの併用が可能だということ。そして、その音波動がセラピーの質を高めてくれるので、ヒーリングの効果も上がります。

さらに、セラピー中は、セラピストもシンギング・リンの響きを聴いているので、施術しながらセラピスト自身がナチュラル・チューニングされます。左回転音でクライアントの不要なエネルギーを宇宙へ送るときには、セラピスト自身の不要なエネルギーも同時に送ることができるのです。

そのうえ、右回転音で宇宙からのエネルギーがチャージされるので、施術後、セラピストも元気な調和状態へといざなわれるのですね。

また、近年増えている婦人科系、泌尿器系の〝プライベートゾーン〟に、おたがいの不快感なくアクセスできる、ということも大きな特長です。楽器を媒介し、音によってヒーリングを行うので、直に手で触れることもありません。

宇宙とつながっているシンギング・リンは、〝受ける〟という宿命から解き放ち、関わる人すべてを引き上げて、あらゆるヒーリングやセラピーを宇宙レベルで完成させることができるのです。

セラピー革命 8

● マイナスエネルギーを受けない。
● マイナスエネルギーを宇宙へ昇華できる。
● プラスエネルギーを宇宙から直接もらえて元気になる。
● 肌に直に触れることがない。
● プライベートゾーンに安全にアクセスできる。
● あらゆるセラピーと併用でき、その質を格段に高める。
● あらゆるセラピーを宇宙レベルで完成させる。

9．苦行ではなく楽行で悟る！

シンギング・リンのユニークな使い方として、「ヘッド・ヒーリング」という方法があります。『宇宙』を頭にかぶり、バチで軽く叩くのですが、こうすると、脳波が瞬時にリラックス状態のアルファ波、もしくは瞑想状態のシータ波になるのです。

90ページの実験データでも紹介していますが、長年修行を積んできた禅の大家が1時間ほど掛かって到達する脳波の状態、ある種の〝悟り〟の境地に、誰もが一瞬にしていざなわれるという事実。ある有名な神社の宮司さんから、「修行もしていない者が、そんな簡単にその境地に行ったらダメだ」と、冗談交じりに言われてしまったほどです。

立派な修行を重ねてこられた方々はみな、「プロセスこそ大事である」といわれます。相応の苦労を重ねてこそ、人間はそれを自分のものとして体得することができるのだと…。

確かにそれはその通りです。否、いままではそうだった、といった方がよいかもしれません。そうした方法を〝苦行〟というならば、シンギング・リンは、〝楽行〟であるといえます。これは、先の宮司さんがおっしゃるように、けしからぬことなのでしょうか。それよりも、苦行という手段もあれば、楽行という手段もあり、選ぶのは本人の自由意志、〝選択肢が一つ増えた〟のだと解釈した方が、自然であるように思います。

たとえていうと、目的地までたどり着くのに、徒歩で行くか、列車で行くか、あるいは飛行機で行くのかのちがいです。地元の人たちと触れ合い、道草を食いながらゆっくり行きたい人は、徒歩で。景色を楽しみ、美味しい駅弁を食べながら行きたい人は、列車で。速くて快適な旅と空からの壮大な眺めを楽しみたい人、あるいは現地に着いてから自由時間を持ちたい人は、飛行機で、というように。

山登りにたとえてみましょう。ひたすら登っていても頂上がなかなか見えてこないと、モチベーションが下がり、その道が本当に頂上までたどり着ける道なのか、不安にもなります。途中で脱落者や挫折者も出てくるでしょう。

一方、山頂のすばらしい眺望を先に目にしたら、俄然やる気になり、不安は消え、足取りも軽やかに、速く頂上に着けることでしょう。

何でもそうですが、一度体感・体験すると、そこに回路ができるので、すぐまたそこへ行きやすくなります。悟りの境地も同じです。

また、健康な方でも山登りはなかなか困難なものです。まして、何らかの障がいがあったり病気であったりしたら、自力で山頂に到達するのは、なおさら難しくなります。ですが、どんな方でも、またどんな状態であっても、誰もが山頂のすばらしい風景を堪能することを許されないわけはありません。

セラピー革命 9

●修行を経ずして、宇宙意識を体感できる、〝悟る〟ための道具でもある。

すべての人を、その山頂までいざなってくれる道具が、シンギング・リンなのです。

人は苦しみを乗り越えたときに、大きく成長します。けれど、苦しまなければ進化しない、ということでもありません。ひとつ確実にいえることは、目的地に早く到達すれば、その先の可能性が広がるということ。もしかしたら、それを進化とよぶのかもしれませんね。

えっ!!
ワシの今までの苦行は？
誰でもカンタンに悟れる!

10. 宇宙からの授かり物！

シンギング・リンは、明確なビジョンと設計図の元に誕生したものですが、私が創ったというよりは、創らせていただいた、といった方がよいかもしれません。創った本人がいうとたいへんおこがましく聞こえるかもしれませんが、私としては、〝宇宙から授かった〟ものだと思っているのです。

ボウルの縁をこすって右回転音を作ると、宇宙からエネルギーがチャージされます。そのエネルギーとは、この宇宙大自然を運行している力といってもさしつかえないと思います。なぜなら、シンギング・リンの全倍音と共倍音の力によって、人を含む動物、植物、鉱物…この世に存在するあらゆるものの振動を高め、宇宙自然界を貫いている普遍の摂理である〝調和の目盛り〟にチューニングされることによって、私たちのいのちの働きを賦活させるからです。

２００４年に誕生してから、『宇宙』と『大地』合わせて２０００個以上が世に出て、海外にも広まっています。

シンギング・リンがたんなる楽器ではなく、宇宙からの授かり物だと思うのは、この音色を聞いた多くの人から、「宇宙に響く音」なのではないか、と異口同音に言われることです。宇宙は音から始まった、はじめに言葉（音）ありき、という、もしかしたらその音かもしれない、と…。

ある人は、友人の宇宙飛行士から聴かせてもらった宇宙で収録した宇宙の音と同じだといい、ある人は、チャクラ呼吸をして意識を大気圏上に飛ばしたときに聞こえる宇宙の音と同じだといい、ある人は、瞑想を深めた際に聞こえる真理の音と同じだといいます。宇宙的スケールで感想を述べられる方が、本当に多くいらっしゃることに、私自身、驚いています。

また、シンギング・リンの音色は、お寺の鐘に似ているので、私たち日本人が聴くとどこか懐かしさを覚えますが、外国の方が聴いても懐かしいといわれます。それはきっと、魂やＤＮＡの記憶が甦るからかもしれません。宇宙創成時からの記憶を魂に宿している私たちが、虚空に響く宇宙の調和の音を聴いたとき、郷愁に近い感覚が湧き起こるのは、自然なことといえるでしょう。その神秘的な音響が、宇宙回帰の本能を呼び覚ます……宇宙的規模のノスタルジーです。

セラピー革命 10

魂の記憶を呼び覚ます宇宙創成の音かもしれない。

11. 自分も他人も地球も、一度によくなる！

シンギング・リンと出合うきっかけや、使ってみたいと思う動機は、人によってさまざまでしょう。体や心や魂のメンテナンス、ストレス解消、オーラの浄化、宝石やパワーストーンの浄化、部屋の浄化、チャクラ活性、波動アップ、運気アップにいたるまで、一つあればいろいろなことができるので、アイディア次第で無限の使い方ができます。

シンギング・リンの大きな特長は、自分がよくなるために使ったとしても、人のため、周囲のためにもなる、ということです。その音色を響かせれば、その場の空気が爽やかになり、周囲にいる人の脳波も変わり、いつのまにか、浄化された調和のエネルギーにあふれる空間になります。

〝その人のため〟〝その場所のため〟と意識しなくとも、〝自分のため〟の延長で、人のため、周囲のためになる、というのがポイントです。バチでボーンと鳴らすごとに、エネルギーレベルでの地球のゴミ拾いができる、という感じでしょうか。

また、シンギング・リンは、共倍音という性質を持つため、2個、3個…10個と、鳴らす数が多くなるほど、共振共鳴の度合いが乗算方式で増幅します。シンギング・リンを持つ人が多くなって、世界中で奏でられれば、そしてその質量がある臨界点に達すれば、いわゆる「百匹目の猿」現象が起こり、その調和の波動が一気に地球上に広まるでしょう。エネルギーレベルでの地球の大掃除が可能になるのだと思うと、ワクワクしませんか♪

持っている人が時間を決めて同時に鳴らしたり、意識を合わせていっせいに奏でたら、大きな祈りの波動となり、世界平和も夢ではないと思っています。

人類は、道具を作り、使いこなすことによって知性を発達させ、他の生物とは一線を画した高度な文明を築き上げてきました。時代の大きな変遷期といわれているいま、宇宙からプレゼントされたこの道具を使うことによって、人類はさらなる進化を遂げ、まだ見ぬ未来へと創造の翼を大きく広げ、羽ばたいてゆく…そう信じてやみません。

この宇宙からの贈り物を、あなた自身のために、大切な人のために、多くの人のために、そして地球のために活用していただけたら、そして、あなたがいっそう光り輝いて、周囲を照らす灯になってくださったら、これ以上の喜びはありません。

地球が、愛と調和の豊かな惑星になることを心から願っています。

セラピー革命 11

- アイディア次第で無限の使い方ができる。
- 〝自分のため〟に使っても、周囲の人や環境のためにもなり、エネルギーレベルのゴミ拾いができる。
- 使う人が多くなれば、共振共鳴の原理で、地球をまるごと調和の波動でつつむことができる。

My Miraculous Experience

体験談 体編

意識不明の父にCDを聴かせ、奇跡の復活を遂げた

佐藤京子（53才／主婦）

2010年6月3日、父が事故で頭を強打し、病院に運ばれました。ICUに入り、ずっと意識がないまま1週間が過ぎ、ようやく医師から告げられたのは、一言「人はいつか死ぬのですから、諦めてください」。何も治療してもらえない状況、ただ、鼻から胃までの食事のチューブと酸素の管だけ。悔しさと悲しさで、涙が止まりませんでした。が、医者に匙をなげられたのだから、私のよいと思っている最大のケアをしてあげようと、すぐに心を切り替えたのです。

午前と午後、それぞれ10分しかない面会時間の中で、ホメオパシーやフラワーエッセンスなどの波動療法を用い、舌下腺や耳の穴、頭皮に経皮スプレーしました。そして、意識のない父に、シンギング・リンのCDをイヤホンで聴かせたのです。そのようなことを夢中で2週間ほど繰り返したとき、奇跡が起こりました。父の意識が戻ったのです！

その1ヵ月後、父は退院することができたので、さっそく毎日、父にシンギング・リンの音マッサージをしました。『宇宙』と『大地』を体の周りで奏でたり、体に直接当てて振動を響かせたりするうち、父の顔色がだんだんとよくなり、まったく動けなかった状態から、寝返りが打てるようになりました。そしてついに、自力で立って歩けるようまでになったのです。無表情だったのが、ときどき笑顔も出るようになりました。

その頃、ヨーロッパに音楽留学していた二人の娘が、夏休みで帰ってきました。音に敏感な二人は、シンギング・リンの音の美しさと振動に驚き、さらに、父に音マッサージをする音色を聞きながら、「おじいちゃんからラの音がはっきり聞こえるね。きっと、体の中をチューニングしているんだね。体と心と魂がひとつになっているんだね」と話していました。

それから４年の間、毎日父を連れて自然の中を散歩しながら、リンを奏でています。MRIの脳の画像では最重度の認知症であるにもかかわらず、その症状が出ずに過ごしているのは奇跡的なことで、リンで脳の中までチューニングできているお蔭かと、家族中が驚き、喜んでいます。あるとき、父の背筋と足がまっすぐ伸びていることに気がつきました。私なりの判断ですが、シンギング・リンの音を浴びることで、脊椎の神経バランスが整い、脳に“快”の刺激をおくるため、酸素を適切に交換できているのではないかと思っています。

家の周りでリンを奏でていると、鳥のさえずりがまるで合唱でもしているかのように賑やかになります。新月を挟んで３日間、外でリンを奏でたときには、近くの山の中から鹿の親子が現れました。大自然の中にいる動物は、人の気配を感じると姿を見せないのに、わが家の駐車場にずっとたたずんでいるのです。シンギング・リンは、大自然との調和やつながり、循環も回復してゆくのかもしれません。

自然治癒力を高めて弱い部分を強化し、マイナスをプラスに変え、大切なことや生きる意味を教えてくれる、そして、人として輝いてゆける…そんな奇跡の音色を放つシンギング・リンとともに、これからも生きていこうと思います。

My Miraculous Experience

体験談 心編

鬱《うつ》や強迫観念から解放され、古民家が笑顔と幸せの拠点に

吉井夏子（29才／山里暮らし・ナチュラルショップ運営）

自給自足の生活に憧れて山里で暮らし始めた私は、家族、親戚、友人、地域の方々の協力の下、田んぼでお米を育てながら古民家を修復し、みんなに集ってもらえる場所作りをしていました。夢がかない、家族にも周りの人にも応援してもらっている…幸せいっぱいのはずが、なぜか頭の中にはどうしようもない不安が膨れ上がり、鬱のような状態になることが増えていったのです。

このままではいけないと思い、いまの場所を一旦離れ、自分を見つめ直すつもりで、ある宿屋で働くことにしました。しかし、場所を代えても、鬱状態は周期的にやってきたのです。迷惑を掛けながらも、みなに受け入れてもらいながら働いていたのですが、どうしたら鬱が治るのか、これからどうしていけばよいのか悩み、葛藤していました。

そんなとき、宿に訪れたお客様がシンギング・リンを持っていて、奏でてくださったのです。初めてその音色を聴いたとき、宇宙空間にぽーんと浮かんでいるような感覚になりました。一度聴いたその音は体の中にずっと残っていて、いつか自分でその音を奏でられたら素敵だろうな、という思いが広がりました。

そしてついに、自分のシンギング・リンを手にする日がやってきました。嬉しくて毎日のように奏でていると、体と心がゆるみ整ってくるに

したがい、あることに気づかされました。「自給自足をめざすなら、もっとお米の収量を増やさなきゃ」「いまは両親がいるからこの暮らしができているけれど、早く自立しなきゃ」…と、〜しなくてはならない、という強制強迫にも似た義務感が強くなり、力が入り過ぎていたこと。夢がかなったのに、不安や悲しみ、怒りなどのマイナス感情が出てくるのはいけないと否定し、自分を言いくるめてその感情に蓋をしていたこと…。

シンギング・リンの音色は、完璧な状態ではなく、調和の状態へもっていってくれます。そして、「良い悪い」ではなく「どっちでもいいんだ。どっちも大切なんだ」という、柔らかい心を私にもたらしてくれました。

いま、私は古民家に戻り、アロマや自然療法をテーマにしたお店を運営しながら暮らしています。シンギング・リンに出合う前とそう変わらない暮らし方ですが、自分自身は驚くほど変わりました。鬱状態になることはなくなり、よくないと思っていた感情を持っても振り回されず、「幸せだな〜」という思いが常に軸にあります。体がゆるみ、心に支配されないと、こんなにも変わるのだと、身をもって体験させてもらえました。

いまの時代、「力を抜いてください」と言われても、体が本当にゆるんでいる状態を忘れてしまっている人が多い気がします。体がゆるんだら、自然に心も穏やかに優しくなると思います。心が穏やかで優しい気持ちになると、争いや競争はなくなるのではないかと思うのです。私は、みんながほんわか笑顔になれる、そんな輪を広げていきたいなと思います。大好きなシンギング・リンの愛と調和の響きを奏でることで、その想いは現実となり、広がり始めています。ありがとう！シンギング・リン！！

My Miraculous Experience

体験談 運気編

焦りや迷いがなくなり、"本当の自分"を見つけて生きる喜びを実感

神吉淳一（50才／会社員）

40歳を過ぎたころから、このまま特に目標もなく人生を過ごしたらどうなるのだろう、と考えるようになりました。気が乗らない毎日の仕事に苦痛を感じ始め、自分の適性や使命を探すために異業種交流会や自己変容を促すセミナーに参加し、姓名判断などのカウンセリングも受けたりしました。しかし、そのときは熱くなっても、時間が経つと心が冷め、どれも長続きはしませんでした。「本当の自分は何者なのか、自分は何をやりたいのか」を外へ外へ求めるあまり、いろいろな思考が詰めこまれ過ぎ、さらなる迷路に迷いこんでしまっていたのだと思います。

数ヵ月ののち、何気なくパワーストーンショップに立ち寄ったとき、いままで聴いたことのない音に衝撃を受けました。その音の正体はチベタンボウルで、石を浄化するために使われていたのですが、店内に響いていたその音色が、体の奥まで伝わってきたのです。

その衝撃の直後、自然志向の雑誌を眺めていると、『シンギング・リン』という倍音豊富な音響楽器が載っていました。倍音の響きを体で感じ、身心を癒すことのできるサウンド・ドレナージュの案内があったので、これだ！ と直感してすぐに申しこみ、体験したのです。仰向けになった体に、神秘的な音色と微細な振動がさざ波のように響きわたり、何ともいえない心地よさで、異空間にいるようでした。音につつみこまれて

いっさいをゆだねられる、いままでに経験したことのない感覚に、たいへん感激したことを覚えています。

シンギング・リンの倍音を浴びると、頭の中の思考もシャットアウトされます。何も考えない無に近い状態にチューニングされ、ひらめきが起きたりもします。

シンギング・リンと出合い、答えは外にあるのではなく、自分の中にあることに気づきました。何かを詰めこむのではなく、自分を柔らかくしてほどいてゆき、過去の記憶や、日々積もるいろいろなゴミをシンギング・リンとともにクリーニングしてゆくと、魂の自由度が増すようで、生きることそのものに喜びを感じます。そしていつのまにか、本当の自分や己の使命にも気づかせてもらっていました。

私はいま、平日は会社勤めをしながら、週末はシンギング・リンのセラピストとして活動しています。自然の中で呼吸をするような家に住みたいと思い、無垢杉のフローリングや珪藻土の壁材で家を建て、癒しの空間の中で癒しの音色を響かせて、セラピーを行っています。縁ある人々がセラピーを通じて、本当の自分に出会っていきいきと変化していったり、感謝の言葉をいただいたりすると、これ以上ない幸せを感じるのです。何年か前までの、目標もなくただ漠然と生きていた自分が別人のようで、毎日が充実しています。

虚空の音が生まれるまで
～シンギング・リン誕生秘話3～

宇宙にある音が地球の素材でできるという確信

富山県に着いて、お鈴の製造会社を何軒か回りました。けれど、突然、東京から来た子ども連れの私の話は、相手にとっては突拍子もないことだったのでしょう、なかなか取り合ってはもらえません。ようやく最後に訪問した会社の社長さんが、私の話に興味を持ってくださったときには、救われたような思いでした。

私は、持ってきたチベタンボウルを鳴らしながら、社長さんを説得するように真剣に相談しました。最高級のチベタンボウルのように豊かな倍音を含み、なおかつ、お鈴《りん》のように振動が微細で、音が長く響く楽器を作れないかと。私が求めている幻の音には、精妙で美しい「倍音」が多く含まれているということもわかっていました。既存のチベタンボウルの大半は、どれも倍音の振動が荒く、響きが短かったのです。

ところが、社長さんの説明によると、日本のお鈴は、〝倍音を排し、清らかな単音をいかに長く響かせるか〟ということを追究しつづけてきた文化であるとのこと。倍音を長く響かせるなんて、白と黒を同時に存在させるようなことだ、というのです。

その晩、お腹を空かせた子どもたちを気づかって、「せっかくだから日本海の美味しい料理でも食べて帰りなさい」と、社長さんは磯料理をごちそうしてくださいました。そして、お酒の力も手伝って話が盛り上がり、熱意が伝わって、明日はお嬢様の結納という大切な日だというのに、職人さんを呼んでふたたび話を聞いてくださることになったのです。

私は、あの幻の音を放つ楽器は必ずできる、という確信をもっていました。頭の中には、はっきりとした設計図のビジョンがあります。そして、その設計図を描いたのは、私個人ではなく、宇宙の意志である、とも感じていました。私は、音や音楽について不勉強なばかりか、苦手意識さえあり、まして、複雑で正確な設計図などを自分が思い描けるはずもないからです。

宇宙にあるその楽器は、地球上の素材を使って必ず形にできる、それがこの世に誕生すれば、人々は癒され、地球に和が広がる……そんな、天の啓示とも自身の信念ともつかぬ思いに突き動かされているようでした。

門外不出の合金で〝幻の音〟がついに実現

「うちの特殊合金を使って、あなたに言われるように形状を工夫すれば、もしかしたらできるかもしれません」——次の日、職人さんの口からその言葉を聞いたとき、私は天にも昇るような気持ちでした。その会社には、音を長く響かせるために、長年研究を重ねてきた特殊な合金があるというのです。

その特殊合金は、銅を主体に何種類かの金属とガラス質のケイ素を混ぜたもので、その詳しい素材と配合比率は門外不出。合金を作る溶解釜は、合金の配合バランスを守るために、日夜、一定の温度を保つ努力をなさっているということでした。

私の思い描くチベタンボウルには、その頃まだ名前がついていなかったので、「シオンのオリジナルボウル」と呼んでいました。

オリジナルボウル製作の取りかかりは、まず、大きさを決めて型を作ることです。老若男女誰もが頭にかぶれる大きさで、簡単に扱えて、最軽量で最大パワーになるよう、ビジョンと照らして正確な直径と深さが決まりました。鋳物でできた最初のボウルは、熟練職人さんの手作業によって丹念に削り出しを行い、独特な形状になります。

オリジナルボウルは、縁があったり、底がお皿状になっていたり、底の中心に向かって緩やかな円錐形になっていたりなど、とても精密な作りになっています。さらに、高精度のチューニングメーターを使って、どの方向から叩いても同じ基音が奏でられるように、削り具合を調整してゆくのですが、このとき、長年の経験と勘によって培われた職人さんの〝聴力〟が大活躍するのです。

削りすぎてしまうと元には戻せないので、また溶鉱炉に戻し、溶かして一からやり直しとなります。この厳しい品質基準は、温度による金属の膨張率や、誤差の範囲まで規定してあります。最初の頃は、でき上がったうちの半分も、その品質基準を満たすことができない状態で、職人さんたちには多大なご苦労をおかけしました。

こうして、私の頭に響き続ける「幻の音」を具現化する作業が、頭に浮かんだ設計図と完成図のビジョン、そして職人さんの腕によって、すすめられてゆきました。

いっさいの妥協をしない匠の技

何度かの試作を経て、オリジナルボウルはようやく形になってきました。この時点では、まだ金色のピカピカです。この状態では、すぐに酸化して錆びていってしまうので、錆止めの塗装を施す必要があります。

ある経営者の方から、「錆止めの塗料を塗る必要があるのか？　錆びたり、合金の配合を変えて欠けたり割れたりするようにすれば、買い替え需要がある。企業はそうして成り立っているのだ」とアドバイスされました。しかし、私が創り出そうとしているのは、錆びたり壊れたりせずに、何世代にわたっても変わらぬ美しい音色を奏でる楽器だったのです。

調音した音を失わず、豊かな倍音を響かせるためには、被膜が薄く剥離しない塗料でなければなりません。このとき、大手の塗料メーカーに塗料の開発を依頼しましたが、実験を繰り返しても、満足できる合成塗料はできませんでした。多額のお金を費やすことにもなりました。結局は、昔ながらの天然の〝漆〟が、その条件にかなう最適な塗料だとわかったのです。

漆は英語で「ジャパン」といい、日本から世界に発信する楽器にふさわしい確かな品質の塗料なのだと、確信しています。

漆の焼き付け塗装にも、職人さんの伝統技術が光ります。まず、酸化防止オイルを洗い落としてから、下地液の中に一定時間漬けこんで、表面に漆が付きやすい状態にします。次に、ボウルの表面と裏面に交互に漆をバーナーで焼き付け塗装し、高温の炉に入れて定着させるという工程を、各面3、4回ずつ繰り返します。そして、「おはぐろ」とよばれる伝統的な天然漆の定着液を竹繊維の刷毛で塗り、最後に天然の蜜ろうワックスを塗って、つややかに磨き上げるのです。

そしていよいよ、最終工程に移ります。それは、少女を通して宇宙から授かったマークを刻印することでした。刻印によって、ボウルの音色や倍音が変わるわけではありませんが、その形に宿ったエネルギーが音の質を高め、ヒーリング効果をアップさせることは確実でした。そのマークを一つひとつのボウルに刻印することは、まさに〝宇宙の保証書〟を付けるようなものなのです。

最初は塗料で試してみましたが、細部の表現がどうしても荒くなり、また、摩擦によって剥離してしまいます。細部まで鮮明に描け、剥離させないためには、レーザーマーキングが有効であると思い至りました。

専門業者にかけ合ってみると、当時、私のオフィスがあった品川に、たまたまその会社の社長さんが出向いていいたため、急遽、立ち寄っていただけることになりました。

ボウルの音色が導いた逆転劇

携帯電話や有名腕時計のマーキングを請け負っているというその会社の社長さんに、私は期待をこめて、オリジナルボウルへのマーキングを依頼しました。ですが、答えはノー。理由は、マーキングの製造ラインは、秒単位の流れ作業になっているために、ボウルを製造ラインに乗せるのは難しいこと。ボウルが真円で底面が円錐になっているため、中心を定めるのが困難であること。すべて手作業で行わねばならないので、コストも時間もかかることなどなど…。

「ご期待に添えず申し訳ありません」と立ち去ろうとされる社長さんに、私は大胆にもこう言い放ちました。「お話はよくわかりました。せっかくおいでくださったのですから、このボウルを頭にかぶってみてください」。そのときはとにかく必死だったのです。やれやれといった面持ちで、社長さんが頭にボウルをかぶってくださったので、バチで軽く叩くと、「…これはいったい何なのですか?…頭の中でボーンという音があちこち移動するような感じで…。すごく疲れていたのですが、何だかすっきりしました」と、目を丸くされたのです。

私が再度、オリジナルボウルの説明をすると、「この楽器のすばらしさが、何となくですが、わかりました。この仕事をお請けしたいと思います。これは、あくまで私個人の決断です」といわれ、「最初の発注個数は？」と聞かれました。「できましたら、5個くらいから…」と申し訳なさそうにいうと、さすがに呆れ顔でしたが、笑いながら「わかりました。全面的に協力いたしましょう。熱意に根負けしましたよ」。

利益を度外視した社長さんのご英断に、ただただ感謝あるのみでした。

100万円でも安いストラディバリウス相当の価値

こうしてマーキングも順調にすすみ、試作の最終段階に入っていた頃。スコットランドのエコヴィレッジ「フィンドホーン」を日本に紹介したことで知られ、世界的に活躍されている寺山心一翁先生と、ある会食で席が隣になる機会に恵まれました。

寺山氏は、私の名刺の「音響楽器の開発」という文字に目を留めて、「何のことですか？」と聞かれたので、オリジナルボウルのことをお話しすると、「その楽器を見てみたいので、ぜひ僕のオフィスに来てください」と言われたのです。

完成間近のオリジナルボウルを持ってお伺いすると、寺山氏は、押し入れから10個近くのチベタンボウルを取り出されました。

「僕は、イギリスのフィンドホーンでチベタンボウルに出合いました。フィンドホーンで、チベタンボウルを使ったワークショップをしているのを知っていますか」――寺山氏は何と、チベタンボウルの大の愛用者でいらしたのです。

オリジナルボウルを奏でると「これは驚いた！　すばらしい音ですね。ヴァイオリンにたとえると、ストラディバリウスだ」。ボウルの開発経緯をお話しするとさらに驚かれ、「これを売り出すなら、100万円でも安いですよ！」とまでおっしゃってくださいました。

寺山氏は、末期の右腎臓がんを、自らの深い気づきと実践から自然治癒させ、奇跡的な生還を遂げられた方です。そのご経験の中で、聴覚が尋常でなく研ぎ澄まされ、チェロをこよなく愛するチェリストとしても活躍されています。そのような方に、オリジナルボウルを称賛していただけたことは、私にとってどれだけ励みになったかしれません。

ついに誕生したシンギング・リン

2004年12月10日——紆余曲折を経て、オリジナルボウルがついに完成しました。品川のオフィスに届けられたこの日を生涯忘れることはないでしょう。

幻の音を奏でるこの楽器を、〝歌うお鈴〟という意味の『シンギング・リン』と名づけました。完成する1ヵ月ほど前、この名が私の心に強くこだましたのです。

このシンギング・リンの誕生に立ち会ってくださったのが、胎内記憶の研究でも著名な産婦人科医の池川明先生です。池川先生と私は、横浜市の母子保健事業改革推進メンバーの医師と心理カウンセラーとして出会っており、以来、懇意にさせていただいておりました。

シンギング・リンを初めてお披露目したこの日に、池川先生はこの音響楽器を見て触れて体験してくださり、「これはすごい!」といって、すぐほしいから買いたい、とおっしゃったのです。販売のことなどまったく頭になかった私はたいへん驚きましたが、いままで独りでひたすら追い求めてきた究極の音を、自分以外の誰かも希求してくださるのだという事実を目の当たりにし、喜びと自信を深め、いまでも私の心の支えになっています。

それ以来、ご自身で愛用してくださっていることはもちろん、クリニックの診療にもご活用いただいています。シンギング・リンの音色とサウンド・ドレナージュは、お母さんのイライラが解消されたり、硬直した赤ちゃんの緊張や疳の虫が治まったりなど、優れたリラックス効果があるということです。特に妊婦さんの場合は、つわりやお腹の張りが和らいだり、逆子の治療にも効果絶大で、不妊症の方が妊娠されるケースもあったとのことです。また、クリニックやご自宅の空間を浄化するときは、シンギング・リンがもっとも早くて簡単、効果が高いとおっしゃってくださっています。

シンギング・リンの秘密

チベタンボウルは、叩く場所によって音色や周波数が異なるので、2つ以上のボウルを共鳴させるのは難しく、不協和音になってしまうのも少なくありません。シンギング・リンは、どこから叩いても周波数や音色が同じになるよう「360度完全調音」してあります。バチで叩いたその一音は、きわめて豊かな倍音を生み、自然界の倍音律にしたがって神秘的な音の階段を作り、機械では測定不可能な音域に至るまで、限りなく多くの倍音が瞬時に奏でられるのです。

1つのシンギング・リンを叩けば、隣のシンギング・リンも鳴り始めます。ハーモニック サウンド・レゾナンスと呼ばれるこの完全共振共鳴は、倍音列まで調音していなければ起こり得ない奇跡的な現象です。シンギング・リンをいくつ鳴らしても、正確な完全共振共鳴が起きます（本文では、これらを「全倍音」「共倍音」として説明しています）。

夢の中の〝くるくる回る星〟は、水の中の六芒星

シンギング・リンの中に水を張ってバチで叩くと、水はコズミックダンスを踊っているように美しく弾けます（これは、クリスタルボウルでもチベタンボウルでも起こります）。さらに、シンギング・リンのボウルの縁をバチでこするように回すと、水の中から六芒星が浮かび上がり、回転するのです。この神秘的な現象は、シンギング・リンならではの特長で、これこそ、私のビジョンに浮かんだ〝ボウルの中でくるくる回る星〟にほかなりません。

ビジョンで見たボウルからは、美しい光があふれ出ていました。そのボウルも光景も、この世のものではなく、宇宙にあるものであって、

それを、地球上の物質で再現しようとすること自体、そもそも無理な話です。けれど、私には、必ずこの地球上でできるのだという確信があり、いっさいの妥協をしませんでした。あの音色、回る星、美しい光…そのすべてが、こうして生み出されたのです。

当時は、〝くるくる回っている星が見える〟なんどと、私が突然、言い出したものですから、周りの人は〝くるくる回っているのはあなたの頭の方では？〟といって、真剣には取り合ってもらえませんでした。けれど、こうしてシンギング・リンができてみて、私が狂ったのではなかったことが証明されて、本当によかったと思っています（笑）。

魂に刻まれた音を求めて

このようないままでにない特徴を持つ楽器を、なぜ凡人の私が開発できたのかといえば、小さい頃から、音や音楽に対して、むしろ苦手意識があったからかもしれないと、いまにして思います。

生まれつき心臓の不整脈があり、体内の血流音や心音を常に意識しながら生きてきたため、音に対しては、ことさらセンシティブな感覚を持ち合わせていました。その敏感な感覚で世の中の音に接すると、現代文明が生む外界の音のほとんどが、不協和音に聞こえていたのです。

音楽でさえも、現代は、本来の自然音階を

用いていないため、純粋なハーモニーではありません。まして生音ではなく、周波数を人工的にカットしたデジタル音であれば、私の体は正直に反応し、具合が悪くなっていたのです。そんな状態ですから、音や音楽に対して次第に心を閉ざし、ピアノの稽古も長くはつづきませんでした。

そんな私が、初めて聴いたチベタンボウルの音から究極の音探しが始まり、夢の中で響いた「幻の音」を具現化して、シンギング・リンの音にたどり着けたのは、外界の音に耳を向けるのではなく、魂に刻まれた〝宇宙の音〟を大切にしたいという本能が働いていたからかもしれません。

もしかしたら、宇宙で聴いていたかもしれないこの幻の音に、この地球上で再び出合えたことの深い感銘を言葉につづり、誕生秘話を締めくくろうと思います。

１３８ページには、シンギング・リンの最初のＣＤ『聖なる鈴響《りんね》』のジャケットに載せたエピソードを紹介しています（録音は、岡山県の井倉洞という鍾乳洞で行いました）。

また、シンギング・リンは、龍村仁監督の映画「地球交響曲（ガイアシンフォニー）第六番・第七番」に登場します。龍村監督は、『聖なる鈴響』ＣＤ制作あたって、素敵なコメントを寄せてくださったので、あわせて掲載します。

～『聖なる鈴響』CDジャケットより～

私の頭の中に存在していた音色が
シンギング・リンという楽器となって結晶したとき、
この音色がいつから私の内側に存在したのだろうかと、
記憶をたどっては探していた。
このＣＤを制作するにあたっての何気ない会話を通じて、
はからずもその源泉にたどり着くことができた。
幼い頃に繰り返し見た夢の記憶が甦り、
顕在意識に上がってきたのである。

…黄金と白銀が輝く光の世界。
幾重にも重なったカーテン状のオーロラが揺らめいて、広がっている。
きらきら輝く透明で清らかな液体が湧き出てせせらぎ、流れている。
馨わしい芳香と、シンギング・リンの音色を遙かに聴きながら、
私はその空間の中に擁かれて、たとえようもない安心感と
幸福感につつまれていた。

小学校の遠足で、初めて鍾乳洞を訪れたとき、
暗くて長いトンネルの先に、
照明に照らされたあの夢の空間が拓がっていた。
しかし、そう思ったのは一瞬で、
光も香りもまったくちがっているのに気がついた。
が、鍾乳洞の光景がいちばん似ているように感じられたから、
以来、鍾乳洞を好んで訪れるようになっていった。

井倉洞でシンギング・リンを奏でたとき、何度も意識が遠のいた。
あの夢の中に、また戻っていけたのだ。
こんなに嬉しい体験はなかった。
――和 真音

“人間が音楽をつくる以前に、音楽が人間をつくった”と喝破したのは、
宇宙物理学者のブライアン・スウィムだ。この音楽は、単なる詩的表現ではなく、
科学的な真実だ。
人間の体は、10の28乗個もの原子でできている。その原子が集まって
分子をつくり、その分子が集まって細胞をつくり、細胞が集まって器官をつくり、
その器官が集まって私たちの体ができている。ところが、その元の
10の28乗個の原子たちは、わずか1年間で、98%が全く新しいものに入れ替わっている。
5年も経てば、ほぼ100%入れ替わる。すなわち、
私たちの体は、“物質”レベルだけでみると、5年前の私といまでは
まったくちがった”物”になっている。にもかかわらず、5年前の私といまの私は、
多少歳をとったとはいえ、やはり同じ私である。だとすれば、私という存在を維持し、
統一し、特徴づけているのはいったい何なのだろうか。その問いから、
あのブライアン・スウィムスの言葉が生まれたのだ。

私たちを形づくっているのは、体をつくっている“物質”ではなく、
“物質”と“物質”をつなぎ、まとめている目には見えない力、
すなわち“波動＝音楽”だというわけだ。
私たちが生きている、ということは、60兆個もあるさまざまな細胞から、
脳や心臓といった器官まですべての部分が、それぞれに独自の“音楽”を
奏でながら、たがいに響きあって、壮大な交響曲を生演奏している状態、
ということになる。

その交響曲が、美しく調和に満ちているとき、私たちは健康なのだ。
逆に、その調和が乱れ、不協和音が聞こえる状態が“病気”ということになる。
聖なる鈴響の音を浴びていると、体の内奥からえもいわれぬ心地よさが
湧き起こってきて、体も心も解きほぐされてゆく。

それは、鈴響の音霊(波動)が、細胞のひとつひとつ、いや、原子の
ひとつひとつと共鳴し、不協和音を調和の音へとチューニングし直してくれるからだろう。いのちはいつだって調和の交響曲を奏でたい、と願っているのだ。
——龍村 仁

付録

アイディア次第で無限の使い方

シンギング・リンを使うと、こんなことができます、という一例をご紹介します。まさに応用自在、無限の可能性にあふれていますので、この他にもまだまだいろいろな使い方ができるでしょう。

✿人に対して

○体・心・魂を浄化し、バランスのとれた調和の状態へ導く

○負のエネルギーを解放・浄化する

負のエネルギーとは…

・農薬や添加物などの化学的なもの

・電磁波などの物理的なもの

・仕事や人間関係からくるストレス

・他人からの念や霊的なもの

・幼少時のトラウマ

・DNA や魂レベルの垢（カルマ）

etc.

○自然を生かしている宇宙のエネルギーをチャージする

○オーラをきれいにする

○潜在意識（無意識）を浄化し、願いがかないやすくなる

○右脳を活性化し、能力を開く

○チャクラを活性化する

✤空間に対して

○空気・建物内を浄化する

人が住んだり集まったりする空間には、想念エネルギーがこもり、さらに、建築材の有害物質や、気の通りの悪い建物の構造が、その負の作用を強める。“空気が重い”“淀んでいる”と感じたり、人の“気配”が残っていたりするのがそれにあたる。シンギング・リンは、窓を開けずとも、それらの負のエネルギーを瞬時に浄化する“瞬間消気剤”のような役割を果たす。

○土地を浄化する

土地には、地球誕生以来の歴史があり、さまざまな生物の思いが残っている場合がある。地鎮祭は、そのようなものを鎮める儀式。シンギング・リンは、そのような土地にまつわるさまざまなエネルギーを浄化できる。地場が重い、陰気だと感じるような場所も、爽やかに清々しく変わる。

✦水に対して

水は、波動転写や情報伝達の性質を持っている。ボウルの中に水を張り、縁をバチで左周り→右周りにこすると、水の中に六芒星が浮かんで水質が浄化され、粒子が細かくてエネルギーのあるまろやかな“ハーモニーウォーター”ができる。その水を応用すると、気持ちのよい生活がおくれる。

○飲料水や調理の水が美味しくなり、健やかな体に

ハーモニーウォーターを飲んだり調理に使うと、体の中から調和の波動が全身に広まり、身心が健やかになる。

○洗濯物に付いた負の情報がクリアになり、スッキリ仕上がる

ハーモニーウォーターで衣類を洗濯すると、汚れだけでなく負の気までがクリアになり、柔らかく気持ちよく仕上がる。音波による衣類のリンス。

○掃除に使って、家の中が調和

雑巾がけや窓ふきに使う水をハーモニーウォーターにすると、家中が浄化され、調和のエネルギーで満たされる。

○バスタブに入れて、リラックス＆デトックス効果大

洗面器一杯のハーモニーウォーターをバスタブに入れれば、バスタブ全体のお湯に高い波動が伝わってまろやかな感触になり、リラックス＆デトックス効果が高まって疲労の回復が早まる。

❉物に対して

○飲み物・食べ物を浄化し、鮮度を保つ

シンギング・リンの音を聴かせた飲み物・食べ物は、味がマイルドで美味しくなる（栓や蓋をしたままで変わる）。また、野菜や果物は、冷蔵庫に入れる前にリンの音色を聴かせると、鮮度が保たれる。

○天然石・宝石・アクセサリー類を浄化し、パワーアップする

天然石や宝石は、持つ人のマイナスや、外から被る負の気を吸収してくれるが、そのままにしておくと、吸収された邪気が身につける人に悪影響を及ぼす。シンギング・リンは、天然石や宝石の原子の振動を高め、吸収されたマイナスを浄化してパワーを復活する。また、美しさや輝きも増す。

○携帯電話・手帳・財布・お金などを浄化して運気を高める

携帯電話は常に電磁波を帯びており、財布は、お金に付着した欲や執着などの邪気が溜まりやすい（金運が遠ざかる）。それらを浄化してよい波動に転じれば、波動共鳴の原理で、プラスをもたらすよいものが集まるようになる。お金を浄化すれば、ムダ使いが減り、“生き金”として実になる使い方ができるようになる。

○車を浄化してよいエネルギーで守る

交通事故の多くは、土地にまつわる負の気に巻きこまれて起こるケースもある。シンギング・リンで、車体や車内を浄化すると、車体が軽く感じられ、快適なドライブを楽しめる。

○布団を浄化する

布団にシンギング・リンを当て、バチで叩きながらすべらせると、日干しにしてもとれない負の気が消え、軽やかで爽やかな寝心地になる。

❖その他

○ペットや植物が元気になる

シンギング・リンの音色をペットや植物に聴かせると、いきいきと健やかに育つ。また、“ハーモニーウォーター”を与えると、さらに元気になり、切り花などは長く持つようになる。

○“つかれ”ない快適な旅になる

旅先の宿には、土地の歴史にまつわるものから、宿泊客の残したものまで、さまざまエネルギーが混然としている。シンギング・リンは、宿の室内や寝具などを浄化するのに有効で、“つかれる”ことなく、快適な旅を楽しめる。

○超音波美顔器をしのぐアンチエイジングツールとして

『宇宙』の中に顔をうずめるようにしてバチで叩くと、低周波から高周波までの倍音振動が細胞の代謝を促して活性化し、ハリ艶のある若肌が甦る。

etc.

…このように、シンギング・リンは、思いつく限り、無限の使い方ができるのです。あなたのアイディアでオリジナルの活用法を編み出してみてください。暮らしの中でさまざまなものに応用すれば、家族中がよい方へ、調和の方向へ導かれ、大きな宇宙の力に守られることでしょう。

おわりに

大学で教育心理学を学んでいた1980年代の初め、まだ日本においては心理カウンセラーという職業は一般的ではありませんでした。大学院時代より病院や保健所、学校などで心理カウンセラーとして働いた後、夫の転勤で渡米し、ロサンジェルスで娘を出産しましたが、生後3ヵ月のときに左眼に腫瘍ができ、6年間の闘病生活を余儀なくされました。

娘を救うために藁をもつかむ思いだった私は、西洋医学の治療を受けつつ、多くの代替療法やヒーリングに出合いました。田舎育ちの私にとってはそのどれもが目新しく、ひと通り学ばせていただきました（ちなみに、娘の名前は、偶然にも〝リン〟といいます）。

その中のひとつに、日本よりも海外でずっとポピュラーになっている〝レイキ〟というヒーリングがあります。手から〝気〟を発して生命の活性化をはかり、生体内のエネルギーバランスを調整し、自然治癒力を高めるとされるものです。日本人の臼井《うすい》甕男《みかお》氏（1865－1926年）によって創始され、アメリカでは代替医療として癌などの最先端医療に取り入れられており、イギリス、オーストラリア、ドイツ、オランダ、オーストリアでは、医療保険が適用されています。

私は、娘のヒーリングのため、レイキの理論と実技を学び、レイキヒーラーになって、日々実践しました。そして、気という宇宙のエネルギーの存在を感じ、それを自分が受け取って手から発し、相手に流すと、驚くような効果をもたらすことを体験したのです。しかし同時に、自分の状態によって〝気の質〟が変化することもわかり、自分がエネルギーの導管になることがいかに難しいか、限界も感ぜずにはいられませんでした。

ポジティブシンキング、瞑想によって無の境地に至ること、無邪気に子ども心で生きること、引き寄せの法則、鏡の法則、いまを生きること、空の概念…どれもすばらしい宇宙法則です。いろいろな本を読み、リーダーの話を聞けば、それを実現している人は一様に、〝自分が変われば世界は変わる〟といいます。その通りだと思いました。

しかし、その一方で、自分や家族の病気、仕事の失敗、テロ、天災、閉塞した社会の現状などなど、現実に起こるできごとを前に負の感情が渦巻き、何もできない自分の存在を思い知らされたのも事実です。自分自身でどうしてもコントロールできない大きな力に、いまにも押しつぶされそうな日々を送っていたこともありました。

けれど、シンギング・リンという楽器とともに歩んでいるいまは、過去の自分とは大きく変わりました。もちろん困ったことも起きますが、そんなときこそ、シンギング・リンの出番です。朝に晩に、この音色を浴びれば、頭も体も心もリセットされ、穏やかでニュートラルな状態から、ベストな選択や発想の転換ができ、思わぬアイディアがひらめきます。生身の人間を通ったエネルギーではないので、エネルギーの質がブレたり変化することもありません。

自分の心身が楽になるだけではなく、家族や周りの人にも影響し、空間にも美しいエネルギーが満ちてきます。ピンチがチャンスに変わって、感謝のエネルギーがあふれ出し、状況そのものが変わるのです。父の介護や母の鬱、夫の病気も自分の更年期も、どれも笑顔で乗りきれました。これから起こることも絶対に大丈夫だと思えています。

身近な変化として、夫の話をしましょう。

私の夫は、ごくふつうのサラリーマンで、常識を重んじ、スピリチュアルなことは敬遠する人でした。ですから、当初、私が音について突飛とも思える話をし始めたときは、怪訝な顔をして、「僕に迷惑をかけないでくれ」と強く言っていました。残念ながら、かつての夫は、私に対してはストッパーの役割を担っていたのです。

しかし、シンギング・リンができ上がり、リンによって引き起こされる現実の現象を目の当たりにするうち、次第に、自分でも使ってみようと思うようになっていったようです。そして、会社でのたいへんなできごとや、自らの病気に直面したとき、シンギング・リンの音色が、彼の体と心に奇跡的な癒しと変容をもたらすことを、身をもって体験したのです。

いまでは、「シンギング・リンは、世界に広めなくてはならない。僕が定年したら、君のことを全面的に応援するからね」と熱く語る協力者となってくれています。この夫の変貌ぶりにいちばん驚いているのは、何を隠そうこの私で、信じられないほど嬉しいできごとです。

心理学には、特定の体験に対して五感を利用した感覚的な刺激が条件づけられることで、その体験が定着し、いつでもその身心の状態になれるようにする「アンカリング」というテクニックがあります。そして、それを引き起こす引き金となるものを「トリガー」と呼びます。
シンギング・リンの音色は、まさに、いつでもだれでもどこでも、どんなときも簡単に、身心がリセットされた状態――〝中庸〟とか〝空〟といわれてきた状態を実現する、偉大なるトリガーなのです。

この本により、宇宙から授かったシンギング・リンという楽器の理解が深まり、親近感がわいて、触れてみたい、奏でてみたい、活用したいと思ってくださる方が一人でも増えてくれることを願ってやみません。

出版にあたり、本当に未熟な私の人生に関わってくださったすべての方々に支えられていることを改めて痛感しています。
また、書籍という形になるにあたって、最初から二人三脚で歩んでくださり私の思いを汲み取ってくださった中田真理亜さん、「全倍音」という造語を発案してくださったＢＡＢジャパン出版の東口敏郎社長、イラストや装丁に細やかな創意工夫をして下さった編集者の佐藤友香さん、ＣＤ製作に惜しみないご協力をくださった有限会社オフィスシックスの坂口公昭さん、はじめ多くの方々に多大なお力添えをいただきました。

　この場をお借りして、すべての皆様に心からの感謝の気持ちをお伝えさせていただきたいと思います。ありがとうございました。そして、これからもどうぞよろしくお願い申し上げます。

　この本との出会いが、喜びと幸せで満たされた笑顔の未来を創造していくきっかけとなりますよう、心から祈っています。

　限りない愛をこめて…

２０１５年2月吉日

和真音

●参考文献

『音はなぜ癒すのか』ミチェッル・ゲイナー　無名舎
『音と文明』大橋力　岩波書店
『倍音　音・ことば・身体の文化誌』中村明一　春秋社
『図解雑学 音のしくみ』中村健太郎　ナツメ社
『奇跡を引き寄せる音のパワー』ジョナサン・ゴールドマン　KKベストセラーズ
『幸せを開く7つの扉』竹下雅敏　ビジネス社
『声で奇跡を呼び込む倍音パワー活用法』山岡尚樹　シンコーミュージック
『日本人の耳をひらく』傳田文夫　祥伝社
『響きの科楽』ジョン・パウエル　早川書房
『528Hzの真実』山水治夫　ナチュラルスピリット
『シンギングボウル入門』国際シンギングボウル協会編　WAVE出版
『ジョン・レノンを殺した狂気の調律A＝440Hz』レオナルド・G・ホロウィッツ　徳間書店
『代替療法ナビ』上野圭一監修 有岡眞編著　ちくま文庫
『「量子論」を楽しむ本』佐藤勝彦　PHP文庫
『ねこ耳少女の量子論』竹内薫　PHP
『Newton別冊　みるみる理解できる量子論』ニュートン プレス
『Newton』波動（2009年1月号）、音と光のサイエンス（2011年5月号）、
宇宙は本当に無から生まれたのか（2013年3月号）ニュートン プレス
『倍音セラピーCDブック』音妃　BABジャパン
『心身を浄化する瞑想「倍音声明」CDブック』成瀬雅春　マキノ出版
『脳に効き心も体も癒されるスイスオルゴールCDブック』佐伯吉捷 監修　マキノ出版
『あなたの部屋に幸運を呼びこむCDブック』居田祐充子　総合法令出版
『流すだけで運気が上昇する魔法のCDブック』大橋智夫　ビジネス社
『耳鳴り・不眠・高血圧に効く「純正律」CDブック』福田六花　マキノ出版
『「残り97％の脳」が目覚めるCDブック』山岡尚樹　マキノ出版

音の力で幸運体質に！

シンギング・リン Singing Ring

全倍音セラピーCDブック

究極の倍音で行う癒しの成幸ワーク

2015年 3月10日　初版第1刷発行
2025年 3月10日　　　第8刷発行
著　者　和 真音
発行者　東口 敏郎
発行所　株式会社ＢＡＢジャパン
〒151-0073 東京都渋谷区笹塚 1-30-11 中村ビル
TEL　03-3469-0135　　FAX　03-3469-0162
URL　http://www.bab.co.jp/　E-mail　shop@bab.co.jp
郵便振替 00140-7-116767
印刷・製本　大日本印刷株式会社
ISBN978-4-86220-892-7 C2075

■ Writer ／中田真理亜
■ Cover Design ／梅村昇史
■ Illustration ／ギール・プロ
■ Design ／ japan style design
■ Sound Design ／オフィスシックス 坂口公昭
■ Photo ／愛甲タケシ
■ Editor&Design ／佐藤友香
■ Special Thanks ／永野雄城

【付録】六芒星ムーンワークシート

満月ワーク

エネルギーが解放に向かい始める満月の日に、あなたが手放したいこと、不必要なもの、望まないもの、不調和だと感じるものを、できるだけ詳しく具体的に書き出し、最後にアファメーションします。

※付属のCDのトラック3を聴きながら行います。
※使い方は本文の40ページを参照して下さい。

性格面で手放したいこと

人間関係で手放したいこと

仕事面で手放したいこと

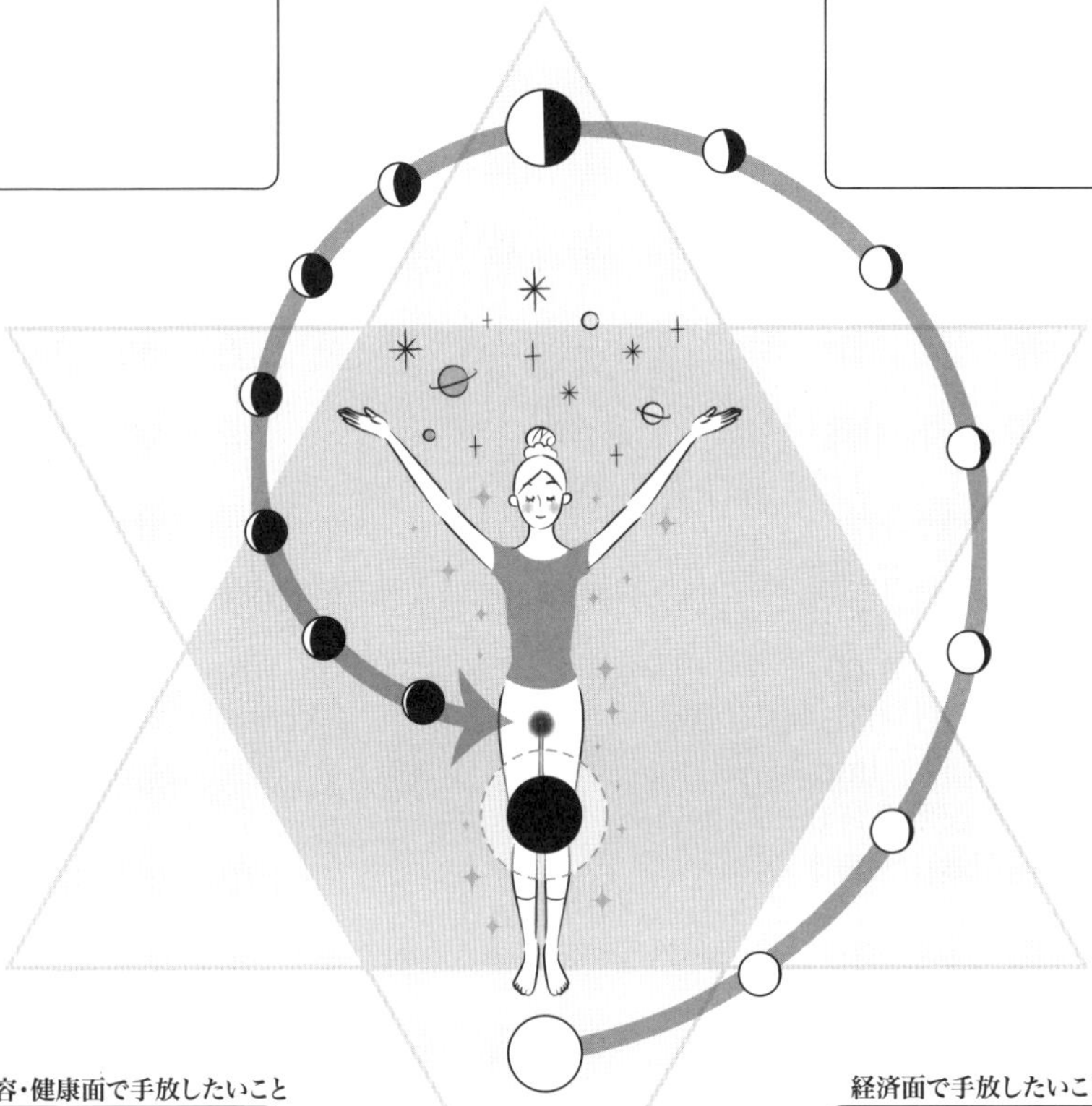

美容・健康面で手放したいこと

経済面で手放したいこと

家族関係で手放したいこと

※「手放したいこと」は、「望まないもの」や「〜の幸せを阻害しているもの」など、あなたがしっくりくる言葉、イメージしやすい言葉に替えてもOKです。

アファメーション「私はこれらのものを手放しました！」

キリトリ

【付録】六芒星ムーンワークシート

新月ワーク

無から有を生み出すパワーにあふれる新月の日に、あなたがかなえたいこと、手に入れたいもの、引き寄せたいこと、実現したいことを、できるだけ詳しく具体的に書き出し、最後にアファメーションします。

※付属のCDのトラック4を聴きながら行います。

※使い方は本文の42ページを参照して下さい。

性格面でかなえたいこと

人間関係でかなえたいこと

仕事面でかなえたいこと

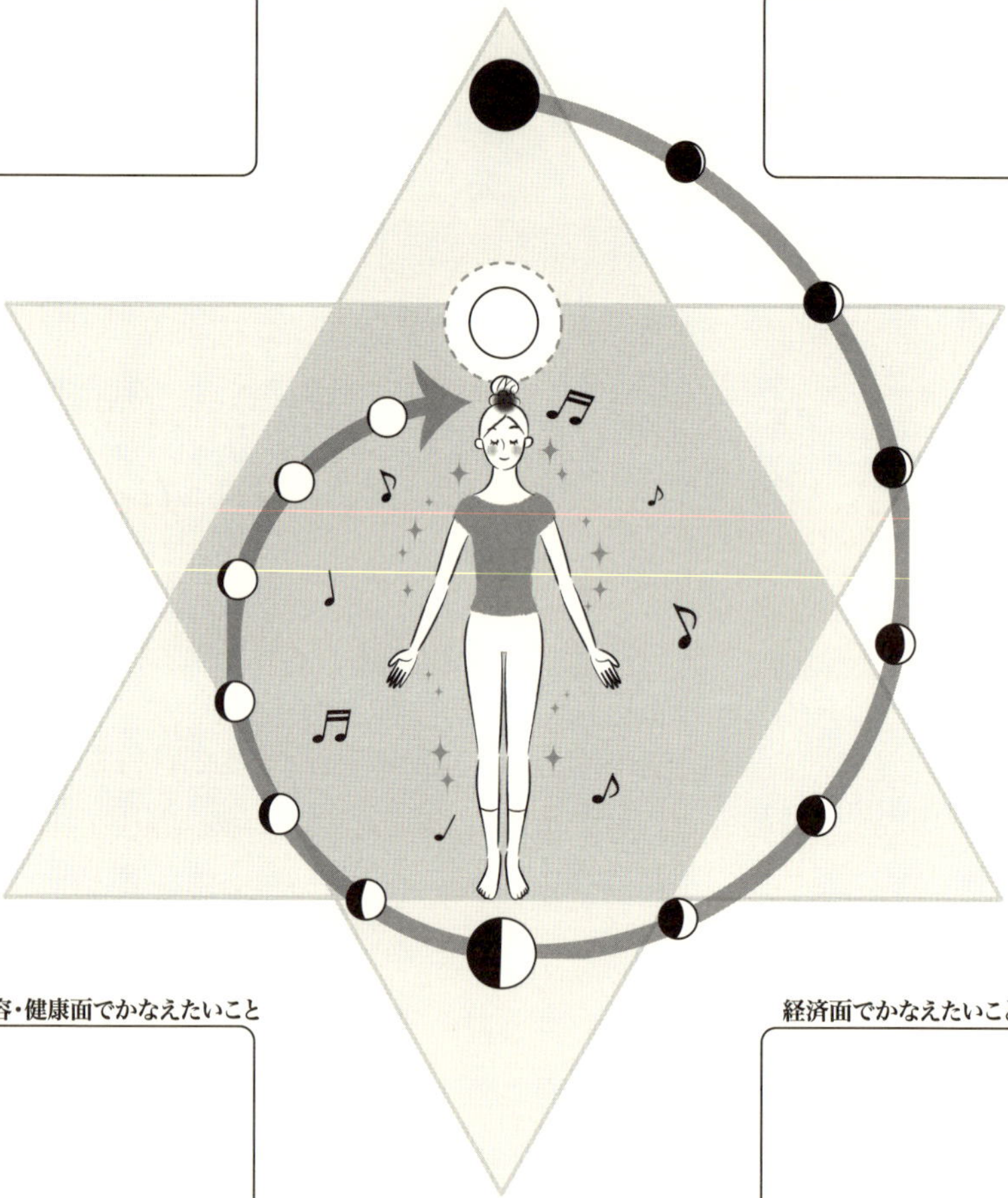

美容・健康面でかなえたいこと

経済面でかなえたいこと

家族関係でかなえたいこと

※「かなえたいこと」は、「手に入れたいこと」や「実現したいこと」など、あなたがしっくりくる言葉、イメージしやすい言葉に替えてもOKです。

アファメーション「私はこれらのものを手に入れました！」

キリトリ

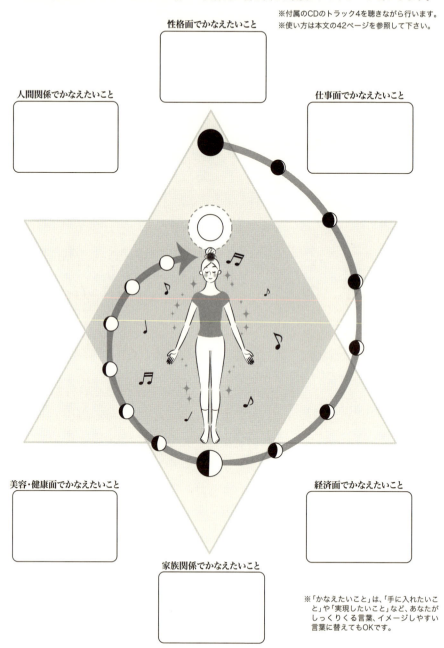